터키어 첫걸음

Türkçe Öğrenmeye İlk Adım

터키어 첫걸음

| 김대성 지음 |

HU:iNE

서문

터키를 방문하는 사람 누구나 다양한 문화가 공존하는 모습을 보고 감탄을 하게 된다. 터키가 자리 잡고 있는 소아시아 지역에서는 로마, 비잔틴제국와 기독교 문화가 꽃을 피웠고 그 다음에 14세기부터 오스만제국을 건설한 터키인들의 문화와 이슬람 문화가 발전했던 모습을 만날 수 있다. 따라서 터키에 가면 여행객들은 과거와 현재를 만나고 동시에 동서양의 문화를 한 곳에서 경험하는 기회를 얻는다. 여름철 휴가기간이 되면 유럽인이나 동양인이 다함께 문화의 다양성을 경험하려고 이스탄불로 몰려든다. 이것이 바로 터키의 매력을 보여주는 증거다.

터키에 존재하는 문화적 다양성 외에도 한국인들에게는 터키는 또 다른 의미를 가지고 있다. 언어적 측면에서 터키어는 한국어와 어순과 문법 체계가 유사해 두 언어가 알타이어계에 속한다고 분류되고 있으며 이처럼 유사한 언어 체계는 서로에게 유대감을 쉽게 갖게 하는 이유다. 이런 측면에서 보면, 한국인은 다른 어떤 민족과 비교해 볼 때 터키어를 용이하게 배울 수 있는 이점을 가졌다. 터키어는 아제르바이잔, 투르크메니스탄, 우즈베키스탄 언어 등과 매우 유사해 터키어를 구사하는 사람은 중앙아시아 국가들의 언어를 큰 어려움이 없이 익힐 수 있다.

이 책은 터키어를 배우려는 사람들을 위해 초보단계에서부터 중급단계의 회화를 익힐 수 있도록 꾸며졌다. 특히, 초보자들이 터키어 문장을 스스로 이해할 수 있게 터키어 문장의 뜻도 함께 적었다. 본문을 쉽게 읽을 수 있게 본문 전체를 터키인들의 음성으로 녹음하였다. 이 책을 활용해 많은 한국인들이 터키와 중앙아시아를 쉽고 효율적으로 이해하고 접근함으로써 양 지역 국가 상호간에 활발한 교류를 전개하는데 기여하기를 바란다.

이 책에서 발견되는 부족한 점은 차후 보완할 것을 약속드린다. 이 책을 한국과 터키어권 국민들이 교류하고 협력하는 데 관심이 있는 모든 분들께 드리고자 한다. 이 책은 2015년도 한국외국어대학교 학술연구비 지원으로 완성되었다.

끝으로 이 책이 나올 수 있도록 도와준 터키 앙카라대학교 언어연수원 교수인 Emre Taşkıran과 Zeynep Rabahan에게 고마움을 전하고, 그리고 편집과정에서 도움을 아끼지 않으신 한국외대 지식출판원 신선호 팀장님과 김민정 선생님에게 감사를 드린다.

2017년 3월

김 대성

Contents

제1과

Türkçe Alfabe ve Telaffuzu

터키어 알파벳 및 발음

학습 목표

- 알파벳을 익히고 발음을 학습해본다.

알파벳

대·소문자		발음기호	한글대조	발음연습				
A	a	a	아	alfabe Ankara				
B	b	be	베				baba	bilgi
C	c	ce	제				Cuma	acaba
Ç	ç	çe	체				çizgi	açık
D	d	de	데				devlet	sade
E	e	e	에				erken	Edirne
F	f	fe	ㅍ,헤 (모음 앞)	fakat	affedersiniz			
G	g	ge	게				garson gemi	
Ğ	ğ	yumuşak ge	유무샥 게		yağmur	sağ		
H	h	he	헤				hayır	sohbet

대·소문자		발음기호	한글대조	발음연습				
I	ı	ı	으				Irak	ışık
İ	i	i	이				İstanbul	kişi
J	j	je	줴				Jeton	Jüri
K	k	ke	케				kebap	sokak
L	l	le	레				Lira	salata
M	m	me	메				masa	tamam
N	n	ne	네				niçin	anne
O	o	o	오				orman	otobüs
Ö	ö	ö	외				öğrenci	döner
P	p	pe	페			park	apartman	
R	r	re	ㄹ레			Ramazan	araba	
S	s	se	쎄		sevgi	ise		
Ş	ş	şe	쉐		şimdi	yavaş		
T	t	te	테		Türk	yatak		
U	u	u	우			Urfa	Yunan	
Ü	ü	ü	위			ülke	gün	
V	v	ve	ㅂ웨 (모음 앞) vapur	avukat				
Y	y	ye	예			yıl	iyi	
Z	z	ze	제			zeytin	az	

제2과

Merhaba

인사하기

학습 목표

- 인사하고 이름을 묻는 표현을 학습해본다.

어휘

Günaydın	안녕하세요(아침인사)
aydın	밝은
gün	날, 낮
Nasıl	어떻게, 얼마나
ad	이름
ne	무엇
sen	너
siz	당신(2인칭 존칭 또는 2인칭 복수를 나타냄)
ben	나(대명사)
memnun	기쁜, 즐거운, 만족한
olmak	~되다
oldum	나는 ~되다
merhaba	안녕(시간을 가리지 않고 단순하게 쓰이는 보편적 표현)
selamlaşmak	인사하다
selamlaşma	인사하기
nereli	어느 지역의 사람
Koreli	한국인
Türk	터키인

kaç	몇, 얼마
yaş	나이
araba	차, 자동차

본문

1. GÜNAYDIN(아침 인사)

Ahmet: Günaydın.
안녕하세요.

Canan: Günaydın.
안녕하세요.

Ahmet: Adınız ne?
(당신의) 이름이 무엇입니까?

Canan: Adım Canan. Sizin adınız ne?
내 이름은 자난입니다. 당신의 이름은 무엇입니까?

Ahmet: Benim adım Ahmet. Memnun oldum.
내 이름은 아흐멧입니다. 만나서 반갑습니다.

Canan: Ben de memnun oldum.
나도 반갑습니다.

2. MERHABA(안녕)

Mehmet: Merhaba!
안녕!

İnci: Merhaba!
안녕!

Mehmet: Adın ne?
네 이름은 뭐야?

İnci: Adım İnci. Senin adın ne?
내 이름은 인지야. 네 이름이 뭐야?

Mehmet: Benim adım Mehmet.
내 이름은 메흐멧이야.

İnci: Memnun oldum.
반가워.

Mehmet: Ben de memnun oldum.
나 또한 반가워.

3. Selamlaşma(인사하기)

Emre: Merhaba, günaydın. Benim adım Emre.
Senin adın ne?
안녕, 좋은 아침이야. 내 이름은 엠레야. 네 이름은 뭐야?

Hansu: Benim adım Hansu.

내 이름은 한수야.

Emre: Memnun oldum.

반가워.

Hansu: Ben de memnun oldum.

나 또한 반가워.

Emre: Nerelisin? (Nerelisiniz?)

너는 어느 나라 사람이니? (당신은 어느 나라 사람인가요?)

Hansu: Ben Koreliyim. Sen nerelisin? (Siz nerelisiniz?)

나는 한국인이야. 너는 어느 나라 사람이니? (당신은 어느 나라 사람인가요?)

Emre: Ben Türküm. Kaç yaşındasın? (yaşındasınız?)

나는 터키인이야. (너는) 몇 살이야? (당신은 몇 살입니까?)

Hansu: Ben 25 yaşındayım. Sen kaç yaşındasın?

(Siz kaç yaşındasınız?)

나는 25살이야. (너는) 몇 살이야? (당신은 몇 살입니까?)

Emre: Ben 25 yaşındayım. Görüşürüz, iyi günler!

나는 25살이야. 다음에 보자, 좋은 하루 보내!

Hansu: Görüşürüz, iyi günler!

다음에 보자, 좋은 하루 보내!

문법

1 대명사적 어미(İyelik Ekleri)

대명사적 어미(İyelik Ekleri)는 어떤 명사가 대명사(사람 또는 사물)에 속해 있는 것을 나타낼 때 그 명사에 붙이는 어미를 말한다.

1. 대명사적 어미는 모음조화에 따라 모음이 변화한다.
2. 단어의 말음이 모음인 경우 대명사적 어미 첫음에 있는 모음이 생략된다.
3. 3인칭 단수에서 말음이 모음인 경우 매개 자음 -s를 붙인다.

Benim	Arabam	Adım	Okulum	Otobüsüm
Senin	Araban	Adın	Okulun	Otobüsün
Onun	Arabası	Adı	Okulu	Otobüsü
Bizim	Arabamız	Adımız	Okulumuz	Otobüsümüz
Sizin	Arabanız	Adınız	Okulunuz	Otobüsünüz
Onların	Arabaları	Adları	Okulları	Otobüsleri

대명사	명사 + 어미		
(Benim)	isim + -(İ)m	→	Benim adım, 내 이름
(Senin)	isim + -(İ)n	→	Senin araban, 네 자동차
(Onun)	isim + -(s)İ	→	Onun kedisi, 그의 고양이
(Bizim)	isim + -(İ)mİz	→	Bizim gülümüz, 우리의 장미
(Sizin)	isim + -(İ)nİz	→	Sizin okulunuz, 당신의 학교
(Onların)	isim + -lArİ	→	Onların evleri, 그들의 집

모음조화 변화 형태: 명사의 모음 → 어미변화의 모음

명사의 모음		어미변화의 모음
a, ı	→	ı
e, i	→	i
o, u	→	u
ö, ü	→	ü

benim ad ım	(내 이름)
senin ad-ın	(네 이름)
onun ad-ı	(그의 이름)
bizim ad-mız	(우리 이름)
sizin ad-ınız	(당신의 이름)
onların ad-ları	(그들의 이름)

benim araba-m	(내 차, 자동차)
senin araba-n	(네 차)
onun araba-sı	(그의 차)
bizim araba-mız	(우리 차)
sizin araba-nız	(당신의 차)
onların araba-ları	(그들의 차)

benim okul-um	(나의 학교)
senin okul-un	(너의 학교)
onun okul-u	(그의 학교)
bizim okul-umuz	(우리 학교)
sizin okul-unuz	(당신의 학교)
onların okul-ları	(그들의 학교)

듣기

1. Günaydın.

   안녕하세요.

2. Adınız ne?

   (당신의) 이름이 무엇입니까?

3. Adım Canan. Sizin adınız ne?

   내 이름은 자난입니다. 당신의 이름은 무엇입니까?

4. Benim adım Ahmet. Memnun oldum.

   내 이름은 아흐멧입니다. 만나서 반갑습니다.

5. Ben de memnun oldum.

   나도 반갑습니다.

6. Nerelisin? (Nerelisiniz?)

   어느 나라 사람이니? (어느 나라 사람인가요?)

7. Ben Koreliyim. Sen nerelisin? (Siz nerelisiniz?)

   나는 한국인이야. 너는 어느 나라 사람이니? (당신은 어느 나라 사람인가요?)

8. Ben Türküm. Sen Kaç yaşındasın? (Siz Kaç yaşındasınız?)

   나는 터키인이야. 너는 몇 살이야? (당신은 몇 살입니까?)

9. Ben 25 yaşındayım. Sen kaç yaşındasın? (Siz kaç yaşındasınız?)

   나는 25살이야. 너는 몇 살이야? (당신은 몇 살입니까?)

10. Görüşürüz, iyi günler!

    다음에 보자, 좋은 하루 보내!

쓰기

1. 당신의 이름은 무엇입니까? (ad, siz, ne)

2. 나도 반갑습니다. (Ben, oldum, de, memnun)

3. 어느 나라 사람인가요? (siniz, nereli)

4. 나는 한국인이야. (Koreliyim, Ben)

5. 당신은 몇 살입니까? (sınız, kaç, yaş, siz)

회화 테스트

1 내 이름은 자난입니다. 당신의 이름은 무엇입니까?

Adım Canan. Sizin adınız ne?

2 나도 반갑습니다.

Ben de memnun oldum.

3 어느 나라 사람인가요?

Nerelisiniz?

4 난 한국인이야.

Ben Koreliyim.

5 당신은 몇 살입니까?

Siz kaç yaşındasınız?

6 그는 몇 살입니까?

O kaç yaşında?

응용연습

1

Adım Canan.

내 이름은 자난입니다.

1. (Onun)
   Onun adı Ahmet.
   그의 이름은 아흐멧입니다.

2. (Sizin)
   Sizin adınız ne?
   그녀의 이름은 무엇입니까?

3. (Senin)
   Senin adın ne?
   그들 이름은 뭐야?

2

Siz kaç yaşındasınız?

당신은 몇 살입니까?

1. (O)
O kaç yaşında?
그는 몇 살입니까?

2. (Sen)
Sen kaç yaşındasın?
너는 몇 살이니?

3. (Siz)
Siz kaç yaşındasınız?
당신은 몇 살입니까?

4. (Ben)
Ben 25 yaşındayım.
나는 25살입니다.

5. (Biz)
Biz 25 yaşındayız.
우리는 25살입니다.

3

Siz nerelisiniz?
당신은 어느 나라 사람인가요?

1 (Sen)
Sen nerelisin?
너는 어느 나라 사람이니?

2 (O)
O nereli?
그는 어느 나라 사람인가요?

3 (Onlar)
Onlar nereli?
그들은 어느 나라 사람인가요?

4 (Ben)
Ben Koreliyim.
나는 한국인입니다.

4

Benim arabam.

나의 차.

1 (Sen)
Senin araban.

네 차.

2 (O)
Onun arabası.

그의 차.

3 (Biz)
Bizim arabamız.

우리의 차.

4 (Siz)
Sizin arabanız.

당신의 차.

5 (Onlar)
Onların arabaları.

그들의 차.

연습문제

En uygun cevabı seçiniz.

문제 1

Senin ev_______ nerede?

① im ② in ③ imiz ④ leri

문제 2

Onun öğretmen_____.

① im ② in ③ imiz ④ i

문제 3

Benim telefon______.

① um ② un ③ umuz ④ ları

문제 4

Bizim iş_____.

① im ② in ③ imiz ④ leri

문제 5

Hansu: Ben Koreliyim. Sen nerelisin?

Ahmet: ____________________.

① Ben Türküm
② Sen Türküm
③ O Türksün
④ Onlar Türkler

문제 6

Canan: Sizin adınız ne?

Ahmet: ______________.

① Benim adımız Ahmet
② Benim adım Ahmet
③ Onun adı Ahmet
④ Bizim adların Ahmet

제3과

Kendini Tanıtma

자기 소개

학습 목표

- 인사말과 자신을 소개하는 표현을 학습해본다.

어휘

arkadaş	친구
akşam	저녁
ay	월, 달
beraber	함께
bilmek	알다
buluşmak	만나다
Çinli	중국인
çocuk	어린아이, 자녀
çok	매우, 아주
çünkü	왜냐하면
ders	공부
dinlemek	듣다
en	가장, 최고의
Fransız	프랑스인
gitmek	가다
güzel	좋은, 아름다운
gün	날, 일
her	매, 각각
istemek	원하다
İtalyan	이탈리아인

Japon	일본인
kahve	커피
kendi	자신
konuşmak	말하다, 대화하다
Korece	한국어
öğrenci	학생
öğrenmek	배우다
Rus	러시아인
sadece	단지
sonra	나중에, 후에
söylemek	말하다
şarkı	노래
tanıtma	사귐, 소개하기
yabancı	외국인
yemek	음식

소개문

Merhaba. Benim adım Hakan. Ben Türküm.

안녕하세요. 제 이름은 하칸입니다. 저는 터키인입니다.

22 yaşındayım ve Kore'de öğrenciyim.

저는 22살이고 한국에서 온 학생입니다.

Burada birçok Koreli ve yabancı arkadaşlarım var.

이곳에 저의 많은 한국인 그리고 외국인 친구들이 있습니다.

Onlar Japon, Rus, İtalyan, Fransız ve Çinli.

그들은 일본, 러시아, 이탈리아, 그리고 중국인들입니다.

Yabancı arkadaşlarım da Kore'de Korece'yi öğreniyorlar.

외국인인 내 친구들도 한국에서 한국어를 공부하고 있습니다.

Biz her gün dersten sonra yemek yiyoruz, bir kahveye gidiyoruz ve orada beraber Korece'yi konuşuyoruz.

우리는 매일 수업을 마치고 밥을 먹고, 카페에 가고 그곳에서 함께 한국어를 말합니다.

Akşam Koreli arkadaşlarımla buluşuyoruz.

저녁에는 나의 한국인 친구들과 만납니다.

Arkadaşlarım çok güzel şarkı söylüyorlar ama ben sadece dinliyorum.

나의 친구들은 노래를 정말 잘 부릅니다. 하지만 나는 그저 듣기만 합니다.

Çünkü Korece iyi bilmiyorum. İki ay sonra ben de şarkı söylemek istiyorum.

왜냐하면 한국어를 잘 알지 못하기 때문입니다. 두 달 뒤에는 나도 노래를 부르고 싶습니다.

문법

1 -İmek (olmak) Eylemi

접미동사, 명사 또는 형용사에 붙어 인칭을 나타낸다.

a) Olumlu (+): 긍정형

명사/ 형용사 + 접미동사

(Ben)	*isim / sıfat* + -(y)İm	→	(Ben) *öğrenciyim*, 나는 학생입니다
(Sen)	*isim / sıfat* + -sİn	→	(Sen) *güzelsin*, 너는 아름답다
(O)	*isim / sıfat* + - / -Dİr	→	(O) *Türk / Türktür*, 그는 터키인이다
(Biz)	*isim / sıfat* + -(y)İz	→	(Biz) *İstanbulluyuz*, 우리는 이스탄불 사람입니다
(Siz)	*isim / sıfat* + -sİnİz	→	(Siz) *Ankaralısınız*, 당신들은 앙카라 사람입니다
(Onlar)	*isim / sıfat* + -lAr/-DİrlAr	→	(Onlar) *memurlar / memurdurlar* 그들은 사무원(직원)입니다

모음조화	명사/형용사 모음	→	접미동사 변화 모음
변화형태	a, ı	→	ı
	e, i	→	i
	o, u	→	u
	ö, ü	→	ü

A = a, ı, o, u → a;　　e, i, ö, ü → e

b) Olumsuz (-): 부정형(değil)

(Ben)	*isim / sıfat* değilim	→	(Ben) *öğrenci* değilim 나는 학생이 아닙니다
(Sen)	*isim / sıfat* değilsin	→	(Sen) *güzel* değilsin 너는 아름답지 않다
(O)	*isim / sıfat* değil/değildir	→	(O) *Türk/Türk* değil/değildir 그는 터키인이 아니다
(Biz)	*isim / sıfat* değiliz	→	(Biz) *İstanbullu* değiliz 우리는 이스탄불 사람이 아닙니다
(Siz)	*isim / sıfat* değilsiniz	→	(Siz) *Ankaralı* değilsiniz 당신들은 앙카라 사람이 아닙니다
(Onlar)	*isim / sıfat* değiller/değildirler	→	(Onlar) *memur* değiller/değildirler 그들은 사무원이 아닙니다

듣기

1. 22 yaşındayım ve Kore'de öğrenciyim.
   저는 22살이고 한국에서 온 학생입니다.

2. Burada birçok Koreli ve yabancı arkadaşlarım var.
   이곳에 저의 많은 한국인 그리고 외국인 친구들이 있습니다.

3. Yabancı arkadaşlarım da Kore'de Korece'yi öğreniyorlar.
   외국인인 내 친구들도 한국에서 한국어를 공부하고 있습니다.

4. Biz her gün dersten sonra yemek yiyoruz.
   우리는 매일 수업을 마치고 밥을 먹습니다.

5. Biz bir kahveye gidiyoruz ve orada beraber Korece'yi konuşuyoruz.
   우리는 카페에 가고 그곳에서 함께 한국어를 말합니다.

6. Akşam Koreli arkadaşlarımla buluşuyoruz.
   저녁에는 나의 한국인 친구들과 만납니다.

7. Arkadaşlarım çok güzel şarkı söylüyorlar ama ben sadece dinliyorum.
   나의 친구들은 노래를 정말 잘 부릅니다. 하지만 나는 그저 듣기만 합니다.

8. İki ay sonra ben de şarkı söylemek istiyorum.
   두 달 뒤에는 나도 노래를 부르고 싶습니다.

쓰기

1. 저는 22살이고 한국에서 학생입니다. (öğrenci, yaşında, ben, Kore'de)

2. 이곳에 저의 많은 한국인, 그리고 외국인 친구들이 있습니다.
(arkadaş, yabancı var, birçok, burada)

3. 우리는 매일 수업을 마치고 밥을 먹습니다.
(yemek, biz, gün, ders, sonra yiyoruz, her)

4. 우리는 카페에 가고, 그곳에서 함께 한국어를 말합니다.
(beraber, gitmek, biz, konuşmak, bir kahveye, orada Korece)

5. 두 달 뒤에는 나도 노래를 부르고 싶습니다.
(söylemek, İki, şarkı, ay, sonra, ben istiyorum)

회화 테스트

1 내 이름은 자난입니다. 당신의 이름은 무엇입니까?

Adım Canan. Sizin adınız ne?

2 나도 반갑습니다.

Ben de memnun oldum.

3 어느 나라 사람인가요?

Nerelisiniz?

4 난 한국인이야.

Ben Koreliyim.

5 당신은 몇 살입니까?

Siz kaç yaşındasınız?

응용연습

1

Burada birçok Koreli arkadaşlarım var.
이곳에 저의 많은 한국인 친구들이 있습니다.

1. Orada birçok Çinli arkadaşlarım var.
그곳에 저의 많은 중국인 친구들이 있습니다.

2. Burada birçok Japon arkadaşlarım var.
이곳에 저의 많은 일본인 친구들이 있습니다.

3. Burada birçok Amerikalı arkadaşlarım var.
이곳에 저의 많은 미국인 친구들이 있습니다.

4. Burada birçok Rus arkadaşlarım var.
이곳에 저의 많은 러시아인 친구들이 있습니다.

5. Burada birçok Fransız arkadaşlarım var.
이곳에 저의 많은 프랑스인 친구들이 있습니다.

2

Biz her gün dersten sonra yemek yiyoruz.

우리는 매일 수업을 마치고 밥을 먹습니다.

1 Biz her gün dersten sonra çay içiyoruz.

우리는 매일 수업을 마치고 차를 마십니다.

2 Biz her gün dersten önce yemek yiyoruz.

우리는 매일 수업 전에 밥을 먹습니다.

3 Biz her gün dersten sonra kek yiyoruz.

우리는 매일 수업을 마치고 케이크를 먹습니다.

4 Biz her pazartesi, dersten sonra ekmek yiyoruz.

우리는 매주 월요일, 수업을 마치고 빵을 먹습니다.

3

İki ay sonra ben de şarkı söylemek istiyorum.

두 달 뒤에 나도 노래를 부르고 싶습니다.

1 Bir saat sonra ben de şarkı söylemek istiyorum.

한 시간 뒤에 나도 노래를 부르고 싶습니다.

2 Bir gün sonra ben de şarkı söylemek istiyorum.

하루 뒤에 나도 노래를 부르고 싶습니다.

3 İki hafta sonra ben de şarkı söylemek istiyorum.

이 주 후에 나도 노래를 부르고 싶습니다.

4

Akşam Koreli arkadaşlarımla buluşuyoruz.

저녁에는 나의 한국인 친구들과 만납니다.

1 Sabah okul arkadaşlarımla buluşuyoruz.

아침에 학교 친구와 만납니다.

2 Öğleden sonra kız arkadaşımla buluşuyoruz.

오후에 여자 친구와 만납니다.

3 Ne zaman okul arkadaşlarımla buluşuyorsun?

언제 학교 친구와 만납니까?

연습문제

En uygun cevabı seçiniz.

문제 1

22 yaşındayım ve Kore'de öğrenci____.

① yim ② in ③ imiz ④ leri

문제 2

-Yabancı arkadaşların Kore'de neyi öğreniyorlar?

-Yabancı arkadaşlarım da Kore'de ______ öğreniyorlar.

① Çince'yi ② Japonca'yı

③ Korece'yi ④ İngilizce'yi

문제 3

-Her gün dersten sonra neyi yiyorsunuz?

-Biz her gün dersten sonra ______ yiyoruz.

① su ② çay ③ yemek ④ çikolata

문제 4

-Arkadaşların ne yapıyorlar?

-Arkadaşlarım çok güzel ____________.

① okula gidiyorlar.
② yemek yiyorlar.
③ çay içiyorlar.
④ şarkı söylüyorlar.

문제 5

-Arkadaşların ne yapıyorlar?

-Arkadaşlarım çok güzel ____________ ama ben sadece dinliyorum.

① şarkı bilmiyorum.

② şarkı söylüyorlar.

③ sadece dinliyorum.

④ şarkı dinliyor.

제4과

Aile Tanıtma

가족 소개

학습 목표

- 가족과 친척 관련 용어를 학습해본다.

어휘

abi	형, 오빠
abla	누나, 언니
ağabey	형, 오빠
aile	가족
amca	삼촌
anne	어머니
anneanne	외할머니
akraba	친척
baba	아버지
babaanne	친할머니
büyükbaba	할아버지
çocuk	어린아이, 자녀
çok	매우, 아주
dayı	외삼촌
dede	할아버지
en	가장, 최고의
enişte	매형
ev	집

gitmek	가다, 다니다
gün	날, 일
hala	고모
hanım	숙녀, 여성
her	매, 각각
İki	둘
kardeş	형제
kendi	자신
Korece	한국어
küçük	어린, 작은
lise	고등학교
öğrenmek	배우다
öğretmen	선생님
teyze	이모

소개문

Erhan: Fatoş, ailende kaç kardeş var?

파토쉬(Fatoş), 너희 가족은 몇 명의 자녀가 있어?

Fatoş: Annem, babam ve üç kardeşiz. Ben, ablam ve ağabeyim.

나의 엄마, 아빠 그리고 삼남매가 있어. 나와, 나의 누나 그리고 형이 있어.

Erhan: Yani, en küçük çocuk sen misin?

그럼, 가장 어린 사람(아이)이 너니?

Fatoş: Evet, ben 23 yaşındayım, abim 25 yaşında, ablam 30 yaşında.

응, 나는 23살이고, 오빠는 25살, 언니는 30살이지.

Erhan: Çok akraban var mı?

너의 친척은 많니?

Fatoş: İki teyzem, bir dayım, anneannem, dedem Ankara'dalar.

이모 둘, 외삼촌(dayım), 외할머니, 할아버지가 앙카라에 (계셔).

Erhan: İstanbul'da kimler var?

이스탄불에는 누가 계셔(있어)?

Fatoş: Amcam, halam, babaannem ve büyükbabam İstanbul'da yaşıyorlar.

삼촌(친삼촌), 고모(halam: 나의 고모), 친할머니(babaannem), 할아버지가 이스탄불에 계셔.

Senin kardeşin var mı?

너는 형제가 있어?

Erhan: Benim bir kız kardeşim, bir de ablam var. İkisi de İstanbul'dalar.

나는 여동생 하나, 누나가 있어. 둘 다 이스탄불에 있어.

Fatoş: Kız kardeşin kaç yaşında?

네 여동생은 몇 살이야?

Erhan: O, henüz 16 yaşında, liseye gidiyor.

그녀는 아직 16살이야. 고등학교에(lise-y-e) 다녀.

Fatoş: Ablan ne iş yapıyor?

네 누나는 무슨 일을 해?

Erhan: Ablam ev hanımı.

나의 누나는 가정주부야.

Fatoş: Enişten ne iş yapıyor?

네 매형은 무슨 일을 해?

Erhan: Eniştem lisede öğretmen.

내 매형은 고등학교(에서) 선생님이야.

문법

1 Şimdiki Zaman: -(İ)yor : 현재형 시제어미: -(İ)yor

a) Olumlu (+): 긍정

(Ben) *fiil*+-(İ)yorum	→	(Ben) *gel*iyorum 나는
(Sen) *fiil*+-(İ)yorsun	→	(Sen) *dönü*yorsun 너는 돌아온다
(O) *fiil*+-(İ)yor	→	(O) *otur*uyor 그는 앉아있다
(Biz) *fiil*+-(İ)yoruz	→	(Biz) *öğren*iyoruz 우리는 배운다
(Siz) *fiil*+-(İ)yorsunuz	→	(Siz) *anl*ıyorsunuz 당신은 이해한다
(Onlar) *fiil*+-(İ)yorlar	→	(Onlar) *çalış*ıyorlar 그들은 일한다

동사 어간의 마지막 모음에 따라 -iyor가 변화한다.

-ıyor, -iyor, -uyor, -üyor

a,ı→ı; e, i→i; o, u→u; ö, ü→ü

모음조화: 동사 어간의 마지막 모음	→	접미동사 변화의 모음
a, ı	→	ı
e, i	→	i
o, u	→	
ö, ü	→	ü

☑ gitmek, etmek, tatmek 에서 –t다음에 모음이 오면 –t® –d로 바뀐다.

예 gidiyor-, ediyor-, tadıyor-

demek, yemek 에서 de-mek,ye-mek 에서 e가 탈락하고 -iyor가 붙는다.

예 diyor-, yiyor-

b) Olumsuz (-): 부정

(Ben) *fiil*+-mİyorum	→	(Ben) *gel*miyorum
(Sen) *fiil*+-mİyorsun	→	(Sen) *dön*müyorsun
(O) *fiil*+-mİyor	→	(O) *otur*muyor
(Biz) *fiil*+-mİyoruz	→	(Biz) *öğren*miyoruz
(Siz) *fiil*+-mİyorsunuz	→	(Siz) *anla*mıyorsunuz
(Onlar) *fiil*+-mİyorlar	→	(Onlar) *çalış*mıyorlar

c) Olumlu Soru (+?): 긍정의문형

(Ben) *fiil* + -(İ)yor muyum?	→	(Ben) *gel*iyor muyum?
(Sen) *fiil* + -(İ)yor musun?	→	(Sen) *dön*üyor musun?
(O) *fiil* + -(İ)yor mu?	→	(O) *otur*uyor mu?
(Biz) *fiil* + -(İ)yor muyuz?	→	(Biz) *öğren*iyor muyuz?
(Siz) *fiil* + -(İ)yor musunuz?	→	(Siz) *yap*ıyor musunuz?
(Onlar) *fiil* + -(İ)yorlar mı?	→	(Onlar) *çalış*ıyorlar mı?

d) Olumsuz Soru (-?): 부정의문형

(Ben) *fiil* + -mİyor muyum?	→	(Ben) *gel*miyor muyum?
(Sen) *fiil* + -mİyor musun?	→	(Sen) *dön*müyor musun?
(O) *fiil* + -mİyor mu?	→	(O) *otur*muyor mu?
(Biz) *fiil* + -mİyor muyuz?	→	(Biz) *öğren*miyor muyuz?
(Siz) *fiil* + -mİyor musunuz?	→	(Siz) *yap*mıyor musunuz?
(Onlar) *fiil* + -mİyorlar mı?	→	(Onlar) *çalış*mıyorlar mı

2 Çoğul Eki: -lAr (-lar/-ler): 복수형 어미

a, ı, o, u → -lar, 앞에 오는 모음이 a, ı, o, u일 경우 복수형 어미는 -lar이다.

kart → kartlar

Amerikalı → Amerikalılar

telefon → telefonlar

okul → okullar

e, i,ö,ü → -ler, 앞에 오는 모음이 e, i,ö,ü 일 경우 복수형 어미는 -ler이다.

ev → evler

öğrenci → öğrenciler

göl → göller

Türk → Türkler

3 Sayı Sıfatları: 수형용사

1	bir	비르
2	iki	이키
3	üç	위취
4	dört	되르트
5	beş	베쉬
6	altı	알트
7	yedi	예디
8	sekiz	세키즈
9	dokuz	도쿠즈
10	on	온

11	on bir	온 비르
12	on iki	온 이키
13	on üç	온 위취
14	on dört	온 됴르트
15	on beş	온 베쉬
16	on altı	온 알트
17	on yedi	온 예디
18	on sekiz	온 세키즈
19	on dokuz	온 도쿠즈
20	yirmi	이르미
21	yirmi bir	이르미 비르
30	otuz	오투즈
31	otuz bir	오투크 비르
40	kırk	크르크
50	elli	엘리
60	altmış	알트므쉬
70	yetmiş	예트미쉬
80	seksen	섹센
90	doksan	독산
100	yüz	유즈
200	iki yüz	이키 유즈
300	üç yüz	위취 유즈
1,000	bin	빈
1,100	bin yüz	빈 유즈

듣기

1. Fatoş, ailende kaç kardeş var?

   파토쉬, 너희 가족은 자녀가 몇 명이야?

2. Annem, babam ve üç kardeşiz. Ben, ablam ve ağabeyim.

   나의 엄마, 아빠 그리고 삼남매가 있어. 나, 나의 누나 그리고 형이 있어.

3. Ben 23 yaşındayım, abim 25 yaşında, ablam 30 yaşında.

   나는 23살이고, 오빠는 25살, 언니는 30살이지.

4. Çok akraban var mı?

   너의 친척이 많니?

5. İki teyzem, bir dayım, anneannem, dedem Ankara'dalar.

   이모 둘, 외삼촌(dayım), 외할머니, 할아버지가 앙카라에 (계셔).

6. İstanbul'da kimler var?

   이스탄불에는 누가 계셔(있어)?

7. Amcam, halam, babaannem ve büyükbabam İstanbul'da yaşıyorlar.

   삼촌(친삼촌), 고모(halam: 나의 고모), 친할머니(babaannem), 할아버지가 이스탄불에 사셔.

8. Benim bir kız kardeşim, bir de ablam var. İkisi de İstanbul'dalar.

   나는 여동생 하나, 또 누나가 있어. 둘 다 이스탄불에 있어.

9 **Kız kardeşin kaç yaşında?**

네 여동생은 몇 살이지?

10 **O, henüz 16 yaşında, liseye gidiyor.**

그녀는 아직 16살이야. 고등학교에(lise-y-e) 다녀.

쓰기

1 파토쉬, 너희 가족은 자녀가 몇 명이야? (kardeş, var, kaç, ailende)

2 나의 엄마, 아빠 그리고 삼남매가 있어. 나, 나의 누나 그리고 형이 있어.
(ağabey, kardeş, baba, üç, annem, ve, ablam)

3 나는 23살이고, 형이 25살, 누나는 30살이지.
(yirmi üç, yaşında, abla, abi, yirmi beş, yaşında, otuz)

4 이모 둘, 내 외삼촌, 외할머니, 할아버지가 앙카라에 (계셔).
(dedem, dayım, İki teyzem, anneanne, Ankara'dalar)

5 삼촌, 고모, 친할머니, 할아버지가 이스탄불에 사셔.
(babaannem, yaşıyorlar, halam, amcam, büyükbabam)

6 나는 여동생 하나, 또 누나가 있어. 둘 다 이스탄불에 있어.
(İkisi, ablam, kız kardeşim, var, İstanbul'dalar)

7 네 누나는 무슨 일을 해? (yapıyor, ne, iş, ablan)

회화 테스트

1 네 가족은 몇 명의 자녀가 있어?

Ailende kaç kardeş var?

2 너의 친척이 많니?

Çok akraban var mı?

3 이스탄불에는 누가 계셔(있어)?

İstanbul'da kimler var?

4 삼촌, 고모, 친할머니, 할아버지가 이스탄불에 사셔.

Amcam, halam, babaannem ve dedem İstanbul'da yaşıyorlar.

5 네 매형은 무슨 일을 해?

Enişten ne iş yapıyor?

응용연습

1

Ailende kaç kardeş var?
너희 가족은 몇 명의 자녀가 있어?

1. Ailesinde kaç kardeş var?
그의 가족은 몇 명의 자녀가 있어?

2. Senin kaç arkardaşın var?
너는 친구가 몇 명이 있니?

3. Sizin kaç arkardaşınız var?
당신은 친구가 몇 명이 있어요?

2

Ben yirim üç yaşındayım, abim yirmi beş yaşında, ablam otuz yaşında.
나는 23살이고, 오빠는 25살, 언니는 30살이지.

1. Arkadaşım yirmi yaşında ve küçük kardeşim on sekiz yaşında.
내 친구는 20살이고 내 동생은 18살이야.

2 Annem elli yaşında ve babam elli dört yaşında.

나의 어머니는 50세 그리고 아버지는 54세입니다.

3 Babaannem yetmiş iki yaşında ve dedem yetmiş altı yaşında.

나의 할머니는 72세이고 할아버지는 75세입니다.

3

O, henüz 16 yaşında. liseye gidiyor.

그(녀)는 아직 16살이야. 고등학교에 다녀.

1 Ben yirmi bir yaşındayım, üniversiteye gidiyorum.

나는 21살이고, 대학에 다닙니다.

2 Sen on dört yaşındasın, ortaokula gidiyorsun.

너는 14살이고, 중학교에 다니지.

3 Abim otuz yaşında, ofise gidiyor.

나의 형은 30세이고, 사무실에 갑니다.

4

Eniştem lisede öğretmen.

내 매형은 고등학교(에서) 선생님이야.

1. Annem ilkokulda öğretmen.

   나의 어머니는 초등학교(에서) 교사입니다.

2. Babam hastanede doktor.

   나의 아버지는 병원(에서) 의사입니다.

3. Amcam şirkette memur.

   나의 삼촌은 회사(에서) 사무원이야.

연습문제

En uygun cevabı seçiniz.

문제 1

Aşağıdaki boşlukları şimdiki zaman ekleri ile doldurunuz.

Ben bu okulu çok sev________ .

① iyorum ② iyorsun ③ iyoruz ④ iyorsunuz

문제 2

Aşağıdaki boşlukları şimdiki zaman ekleri ile doldurunuz.

Sen nerede Türkçe öğren________ ?

① iyorum ② iyorsun ③ iyoruz ④ iyorsunuz

문제 3

Aşağıdaki boşlukları şimdiki zaman ekleri ile doldurunuz.

O, sinemaya arkadaş ile git________ .

① iyorum ② iyorsun ③ iyoruz ④ iyor

문제 4

Aşağıdaki boşlukları şimdiki zaman ekleri ile doldurunuz.

Biz İstanbul' da otur_________ .

① muyorum ② muyorsun ③ muyoruz ④ muyor

문제 5

Aşağıdaki boşlukları şimdiki zaman ekleri ile doldurunuz.

O, lokantada çalış_________ .

① mıyorum ② mıyorsun ③ mıyoruz ④ mıyor

제5과

Hava Durumu

날씨 상태

학습 목표

• 기상 상태와 관련된 표현을 학습해본다.

어휘

alt	아래
aşağı	아래, 밑
batı	서쪽
bulutlu	구름 낀, 흐린
cuma	금요일
çarşamba	수요일
değişmek	변하다
derece	정도, 도, 등급, 점수
doğu	동쪽
düşmek	떨어지다, 넘어지다
düşük	떨어진, 하락한, 내린
fazla	과도한, 지나친
genel	일반적인
göre	~에 따라
hava	날씨, 분위기
ılımlı	온화한, 미지근한
ısınmak	더워지다, 데우다
ilkbahar	봄

itibaren	~이래로
perşembe	목요일
kar	눈
kış	겨울
Mart	3월
Pazartesi	월요일
Salı	화요일
soğuk	추운
şart	조건, 상태
serin	서늘한, 선선한
sezon	시즌, 계절
sıcaklık	열, 더위
sıfır	영, 없음
tabii	물론
tablo	표, 목록
tahmin	예측
tarih	날짜, 역사
turizm	관광
yağmak	내리다, 오다

yağmur	비
yer	땅, 지면, 장소
yüksek	높은
zaman	때, 시간

설명문

Türkiye'de kışın hava genelde soğuk olur.

터키의 겨울 날씨는 대체로 춥다.

Tabii ki, hava şartları yere göre (yer yer) değişebilir.

물론, 날씨 상태가 지역마다 다를 수 있다.

Kışın Türkiye'nin doğusunda hava soğuk olur, batısında ise hava daha ılımlı olur.

겨울에 터키의 동부 지역은 춥고, 서부 지역의 경우 더 온화하다.

Türkiye'nin batısında olan İstanbul'da hava fazla soğuk olmaz.

터키의 서부 지역에 위치한 이스탄불의 날씨는 많이 춥지는 않다.

Kışın İstanbul'da zaman zaman kar yağıyor.

겨울에는 이스탄불에서 때때로 눈이 내린다.

10 Aralık 2015 tarihinde İstanbul'da kar yağmadı.

2015년 12월 10일에 이스탄불에서 눈이 내리지 않았다.

10 Aralık'ta hava serin ve bulutluydu ve aynı zamanda yere göre yağmur yağdı.

12월 10일에 날씨가 싸늘하며 흐렸고(구름이 꼈고), 동시에 지역에 따라 비가 내렸다.

Türkiye'de ilkbaharda hava ısınır. Mart'tan itibaren hava derecesi sıfırın altına düşmez.

터키에서는 봄에 날씨가 따뜻해진다. 3월부터 기온이 영하로 떨어지지 않는다.

İstanbul'da 14-18 Mart arasında 5 günlük hava tahmini aşağıdaki tablodadır.

이스탄불에서 3월 14-18일 사이 5일간 일기 예보는 아래에 있는 표에 있다.

Tarih	Sıcaklık	
	En Düşük	En Yüksek
14 Mart Pazartesi	7	10
15 Mart Salı	5	10
16 Mart Çarşamba	4	11
17 Mart Perşembe	4	10
18 Mart Cuma	3	12

14, 15 Mart 2016 tarihinde yağmur yağması bekleniyor.

2016년 3월 14, 15일에 비가 내릴 것으로 예상된다.

16 Mart' ta hava bulutlu olacak. 16 Mart' ta günün en yüksek sıcaklığı 11 derece, en düşük sıcaklığı ise 4 derece olacak.

3월 16일에 날씨가 흐릴 것이다. 3월 16일에 최고 기온은 11도, 최저 기온은 4도가 될 것이다.

18 Mart' ta parçalı bulutlu olacak. 18 Mart' ta günün en yüksek sıcaklığı 12 derece, en düşük sıcaklığı ise 3 derece olacak.

3월 18일에 부분적으로 흐릴 것이다. 3월 18일에 최고 기온은 12도, 최저 기온은 3도가 될 것이다.

Ege Bölgesi açık olacak. İzmir' de 18 Mart'ta günün en yüksek sıcaklığı 20 derece olacak.

에게 지역은 맑을 것이다. 이즈미르에서 3월 18일에 최고 기온은 20도가 될 것이다.

İzmir' deki tatilciler için turizm sezonu yavaş yavaş başlıyor.

이즈미르에서 관광객들을 위한 시즌이 서서히 시작된다.

문법

1 Belirli Geçmiş Zaman: -Dİ (-dı, -di, -du, dü / -tı, -ti, -tu, -tü):
(가시적 과거시제: 과거에 발생한 일을 경험한 것을 바탕으로 확실하게 표현하는 형태)

a) Olumlu (+): 긍정형

İ = a, ı → ı; e, i → i

(Ben) *fiil* + -Dim	→	(Ben) *geldim*
(Sen) *fiil* + -Dİn	→	(Sen) *döndün*
(O) *fiil* + -Dİ	→	(O) *oturdu*
(Biz) *fiil* + -Dİk	→	(Biz) *öğrendik*
(Siz) *fiil* + -Dİnİz	→	(Siz) *yaptınız*
(Onlar) *fiil* + -DilAr	→	(Onlar) *çalıştılar*

예

gelmek:	*geldim*	*geldik*	*yaptım*	*yaptık*
	geldin	*geldiniz*	*yaptın*	*yaptınız*
	geldi	geldiler	*yaptı*	*yaptılar*
dönmek:	*döndüm*	*döndük*	*oturdum*	*oturduk*
	döndün	*döndünüz*	*oturdun*	*oturdunuz*
	döndü	*döndünler*	*oturdu*	*oturdular*

çalışmak:	*çalıştım*	*çalıştık*	*öğrendim*	*öğrendik*
	çalıştın	*çalıştınız*	*öğrendin*	*öğrendiniz*
	çalıştı	*çalıştılar*	*öğrendi*	*öğrendiler*

b) Olumsuz (-): 부정형

İ = a, ı → ı; e, i → i

(Ben) *fiil* + -mAdİm	→	(Ben) *gelmedim*
(Sen) *fiil* + -mAdİn	→	(Sen) *dönmedin*
(O) *fiil* + -mAdİ	→	(O) *oturmadı*
(Biz) *fiil* + -mAdİk	→	(Biz) *öğrenmedik*
(Siz) *fiil* + -mAdİnİz	→	(Siz) *yapmadık*
(Onlar) *fiil* + -mAdİlAr	→	(Onlar) *çalışmadılar*

듣기

1. Türkiye'de kışın hava genelde soğuk olur.

   터키의 겨울 날씨는 대체로 춥다.

2. Tabii ki, hava şartları yere göre değişebilir.

   물론, 날씨 상태가 지역마다 다를 수 있다.

3. Kışın Türkiye'nin doğusunda hava soğuk olur, batısında ise hava daha ılımlı olur.

   겨울에 터키의 동부 지역은 춥고, 서부 지역의 경우 더 온화하다.

4. Türkiye'nin batısında olan İstanbul'da hava fazla soğuk olmaz.

   터키의 서부 지역에 위치한 이스탄불의 날씨는 많이 춥지는 않다.

5. Kışın İstanbul'da zaman zaman kar yağıyor.

   겨울에는 이스탄불에서 때때로 눈이 내린다.

6. 10 Aralık 2015 tarihinde İstanbul'da kar yağmadı.

   2015년 12월 10일에 이스탄불에서 눈이 내리지 않았다.

7. Dün hava serin ve bulutluydu ve aynı zamanda yere göre yağmur yağdı.

   어제 날씨가 싸늘하며 흐렸고(구름이 꼈고), 그리고 동시에 지역에 따라 비가 내렸다.

8. Türkiye'de ilkbaharda hava ısınır. Mart'tan itibaren hava derecesi sıfırın altına düşmez.

   터키에서는 봄에 날씨가 따뜻해진다. 3월부터 기온이 영하로 떨어지지 않는다.

9 İstanbul'da 14-18 Mart arasında 5 günlük hava tahmini aşağıdaki tablodadır.

이스탄불에서 3월 14~18일 사이 5일간 일기 예보는 아래에 있는 표에 있다.

쓰기

1 터키의 겨울 날씨는 대체로 춥다. (hava, genelde, Türkiye, soğuk, kış, olur)

2 물론, 날씨 상태가 지역에 따라 다를 수 있다.
(yer, şart, tabii ki, hava, göre, değişebilir)

3 겨울에 터키의 동부 지역은 날씨가 춥고, 서부 지역의 경우 날씨가 더 온화하다.
(ılımlı, doğu, Türkiye, hava, olur, batı, soğuk, Kış, daha, olur)

4 터키의 서부 지역에 위치한 이스탄불의 날씨는 많이 춥지 않다.
(soğuk, fazla, Türkiye, olan, İstanbul, hava, batı, olmaz)

5 겨울에는 이스탄불에서 때때로 눈이 내린다.
(kar, İstanbul'da, zaman zaman, Kış, yağıyor)

6 2015년 12월 10일에 이스탄불에서 눈이 내리지 않았다.
(10 Aralık, 2015, İstanbul'da, tarih, kar, yağmadı)

7 어제는 날씨가 싸늘하며 흐렸고(구름이 꼈고), 그리고 동시에 지역에 따라 비가 내렸다.
(yağdı, hava, zamanda, bulutlu, aynı, yere göre, serin, dün, yağmur, ve)

8 터키에서는 봄에 날씨가 따뜻해진다. 3월부터 기온이 영하로 떨어지지 않는다.
(Türkiye, ısınır, düşmez, hava, Mart, sıfır, hava derecesi, altına, itibaren, ilkbahar)

9 이스탄불에서 3월 14~18일 사이 5일간 일기 예보는 아래에 있는 표에 있다.
(İstanbul'da, tabloda, 5 günlük, aşağıdaki, 14-18 Mart, arası, hava tahmini)

회화 테스트

1 터키의 겨울 날씨는 대체로 춥다.

Türkiye'de kışın hava genelde soğuk olur.

2 날씨 상태가 지역마다 다를 수 있다.

Hava şartları yere göre değişebilir.

3 겨울에 터키의 동부 지역은 춥다.

Kışın Türkiye'nin doğusunda hava soğuk olur.

4 겨울에 터키의 서부 지역은 온화하다.

Kışın Türkiye'nin batısında hava ılımlı olur.

5 이스탄불의 날씨는 많이 춥지 않다.

İstanbul'da hava fazla soğuk olmaz.

6 겨울에 이스탄불에서 때때로 눈이 내린다.

Kışın İstanbul'da zaman zaman kar yağıyor.

7 그러나 2015년 12월 10일에 이스탄불에서 눈이 내리지 않았다.

Ancak 10 Aralık 2015 tarihinde İstanbul'da kar yağmadı.

응용연습

1

Türkiye'de kışın hava genelde soğuk olur.
터키의 겨울 날씨는 대체로 춥다.

1. Türkiye'de yazın hava genelde sıcak olur.
터키의 여름 날씨는 대체로 덥다.

2. Ankara'da kışın hava genelde soğuk olur ve kar yağar.
앙카라의 겨울 날씨는 대체로 춥고 눈이 내린다.

3. İzmir'de yazın hava genelde sıcak ve nemli olur.
이즈미르에서 여름 날씨는 대체로 덥고 습하다.

2

Hava şartları yere göre değişebilir.
날씨 상태가 지역에 따라 다를 수 있다.

1. Hava şartları haftaya göre değişebilir.
날씨 상태가 주에 따라 다를 수 있다.

2 Hava şartları mevsime göre değişebilir.

날씨 상태가 계절에 따라 다를 수 있다.

3 Hava şartları bölgeye göre değişebilir.

날씨 상태가 지방에 따라 다를 수 있다.

3

Kışın İstanbul'da zaman zaman kar yağıyor.

겨울에 이스탄불에서 때때로 눈이 내린다.

1 Kışın İstanbul'da zaman zaman yağmur yağıyor.

겨울에 이스탄불에서 때때로 비가 내린다.

2 Yazın İstanbul'da yağmur fazla yağmaz.

여름에 이스탄불에서 비가 많이 오지 않는다.

3 İlkbaharda İstanbul'da rüzgar çok eser.

봄에 이스탄불에서 바람이 많이 분다.

4

Dün hava serin ve bulutluydu.

어제 날씨가 서늘하고 흐렸다(구름이 꼈다).

1 Dün hava bulutlu ve yağmurluydu.

어제 날씨가 흐렸고 비가 내렸다.

2 Yarın hava bulutlu ve yağmurlu olacak.

내일 날씨가 흐리고 비가 내릴 것이다.

3 Yarın hava sıcak ve nemli olacak.

내일 날씨가 덥고 습하게 될 것이다.

연습문제

En uygun cevabı seçiniz.

문제 1

Türkiye'de kışın hava nasıl olur?

Türkiye'de kışın hava genelde __________ olur.

① sıcak ② ılımlı ③ soğuk ④ kara

문제 2

Kışın İstanbul'da zaman zaman ne yağıyor.

Kışın İstanbul'da zaman zaman _______ yağıyor.

① bulut ② kar ③ güneş ④ rüzgar

문제 3

Mart'tan itibaren hava derecesi sıfırın ________ düşmez.

① önüne ② üstüne ③ ardına ④ altına

문제 4

Türkiye'de ilkbaharda genelde hava ________.

① soğuk ② ısınır ③ çok sıcak ④ karlı

문제 5

İzmir'de günün en yüksek sıcaklığı 20 derece olacak.
İzmir'de tatilciler için _______ sezonu yavaş yavaş başlıyor.

① turizm ② yağmur ③ çay ④ koşma

제6과

Hobiler

취미

학습 목표

- 취미와 관련된 표현을 학습해본다.

어휘

aktif	적극적인
aktivite	활동
aynı	동일한
balık	물고기
banka	은행
başka	다른, 별도의
başlamak	시작하다
canlı	살아있는, 생물체, 동물
dalış	잠수
Dalmak	잠수하다
Dalgıç	잠수부
deniz	바다
dinlemek	듣다
farklı	차이가 나는, 구별이 되는
geçirmek	보내다
genellik	일반성, 보편성
gerekmek	필요하다

görmek	보다
güzel	아름다운, 좋은
hobi	취미
hoş	즐거운, 유쾌한, 유쾌
ihtiyaç	필요, 요구
iş	일, 직업
karar	결정
katılmak	참가하다
keşfetmek	발견하다
kredi	신용, 융자, 대부
klüp	클럽
koro	합창
mutlu	행복한
mümkün	가능한
müşteri	손님
Para	돈
Prens	왕자
sadece	단지, 유일한

sağlıklı	건강한
ses	소리, 음성
şey	물건, ~것, 일, 사항
tavsiye	추천
tur	여행
tür	종류
vakit	시간
vermek	주다

소개문

Merhaba ben Selin. Can ile koro klübünden arkadaşız.

안녕하세요 나는 셀린입니다. 잔과는 합창단 친구입니다.

Can'ın sesi gerçekten çok güzel.

잔의 목소리는 정말로 아름답습니다.

Onun sesini dinlerken çok mutlu oluyoruz ve beraber çok güzel vakit geçiriyoruz.

그의 목소리를 들을 때는 매우 행복하며 우리는 매우 좋은 시간을 함께 보냅니다.

Koro klübüne 2 yıl önce katılmaya karar verdim. Çünkü bankada her gün aynı şeyleri yapıyoruz.

저는 2년 전 합창단에 참여하기로 결정했습니다. 왜냐하면 우리는 은행에서 매일 동일한 일들을 하기 때문입니다.

Paralar, müşteriler, krediler... İşimi seviyorum ama işten başka bir aktiviteye de ihtiyacım var.

현금, 손님, 신용카드 등 제 일을 사랑하지만 업무 외 다른 활동에 참가할 필요가 있습니다.

Bir arkadaşımın tavsiyesi ile başladım ancak şimdi benim tavsiyemle 10 arkadaşım daha geldi.

제 친구의 추천으로 시작했지만 지금은 제가 추천한 10명의 친구들이 더 왔습니다.

Tek hobim sadece bu değil. Bunun yanında daha aktif bir hobim var : Dalmak.

저의 유일한 취미는 단지 이것만이 아닙니다. 이외에도 더욱 활동적인 취미가 있습니다 : 스쿠버다이빙입니다.

Denizin dibindeki hayatı görmek, yeni şeyler keşfetmek hoşuma gidiyor.
저는 해저의 삶을 보는 것, 새로운 것들을 발견하는 것에 흥미를 느낍니다.

Bazen sadece farklı balıklar görmek, beni çok mutlu ediyor.
가끔은 단순히 다양한 물고기들을 보는 것이 저를 매우 행복하게 합니다.

Dalgıç olmak için sağlıklı olmak gerekiyor.
스쿠버다이버가 되기 위해서는 건강해야 합니다.

Haftada bir gün İstanbul'da dalış turları oluyor.
일주일에 한 번 이스탄불에서 다이빙 투어가 열립니다.

Ben genellikle Cumartesi dalış turuna katılıyorum.
저는 일반적으로 토요일에 다이빙 투어에 참여합니다.

Çünkü orada çok farklı türdeki balıkları ve canlıları görmek mümkün.
왜냐하면 그곳에서 매우 다양한 종류의 물고기들과 생명체들을 보는 것이 가능하기 때문입니다.

Sizin de bir hobiniz varsa hayat daha güzel olur.
여러분도 취미가 있다면 삶이 더 재미있어 질 것입니다.

문법

1 Yönelme Durumu Eki: -(y)A : -(y)a, -(y)e, 여격 어미

a, ı, o, u → -(y)a; e, i, ö, ü → -(y)e

okula	→	Okula gidiyorum.
dershaneye	→	Dershaneye gitmiyorum.
sinemaya	→	Sinemaya gitmek istiyorum.
İstanbul'a	→	İstanbul'a dönmüyorum.
Zeynep'e	→	Zeynep'e bakıyorum.

ben	→	bana
sen	→	sana
o	→	ona
biz	→	bize
siz	→	size
onlar	→	onlara

2 Bulunma Durumu Eki: -DA: (-da, -de /-ta, -te), 처격 어미

a, ı, o, u → -Da (-da/-ta) ; e, i, ö, ü → -De (-de/-te)

*telefon*da	→	Telefonda numaralar var.
evde	→	Evde İnternet yok.

*lise*de	→	Lisede öğrenciler ve öğretmenler var.
Kore' de	→	Kore'de baklava yok.
Türkiye' de	→	Türkiye'de çok turist var.
Kolej' de	→	Tolga ve Lee Kolej'de oturuyorlar.
TÖMER' de	→	Türkler TÖMER'de İngilizce öğreniyorlar.

☑ 처격 어미 -da, -de 가 무성자음 -f, -s, -t, -k, -ç, -ş, -h, -p 에 올 경우에 -ta, -te 로 쓰인다.

Son ünsüzler: -f, -s, -t, -k, -ç, -ş, -h, -p + -tA (-ta/-te)

Sını*f*ta öğrenciler var, ama öğretmen yok.

Kim, soka*k*ta Türkçe konuşuyor.

Kar*t*ta ev telefonu yok.

Ce*p*te telefon var.

ben → bende

sen → sende

o → onda

biz → bizde

siz → sizde

onlar → onlarda

3 Ayrılma Durumu Eki: -DAn: (-dan, -den /-tan, -ten), 탈격 어미

a, ı, o, u → -Dan (-dan/-tan) ; e, i, ö, ü → -Den (-den/-ten)

Ahmet *ev*den geliyor.

Bu öğrenci oku*l*dan çok memnun.

Adam bu kad*ı*ndan çok hoşlanıyor.

O, parktan geliyor.

☑ Son ünsüzler: -f, -s, -t, -k, -ç, -ş, -h, -p + -tAn (-tan/-ten)

탈격 어미 -dan, -den 이 무성자음 -f, -s, -t, -k, -ç, -ş, -h, -p 에 올 경우에 /-tan, -ten 으로 쓰인다.

Öğrenciler sını*f*tan çıkıyorlar.

Lee, otobü*s*ten iniyor.

Onlar işten eve yürüyerek dönüyorlar.

Çocuklar soka*k*tan geliyorlar.

☑ ben → benden
sen → senden
o → ondan
biz → bizden
siz → sizden
onlar → onlardan

4 Belirtme Durumu Eki: -(y)İ:-(y)ı, -(y)i, -(y)u, -(y)ü, 목적격 어미

a,ı → -(y)ı; e,i → -(y)i; o,u → -(y)u; ö,ü → -(y)ü

Tolga bu *e*v**i** hiç sevmiyor.

Öğrenci sinem*a***yı** çok seviyor.

Bu ok*u*l**u** bilmiyorum.

229 numaralı otob*ü*s**ü** bekleyin.

ben	→	beni
sen	→	seni
o	→	onu
biz	→	bizi
siz	→	sizi
onlar	→	onları

듣기

1. Can ile koro klübünden arkadaşız.
   잔과는 합창단 친구입니다.

2. Can'ın sesi gerçekten çok güzel.
   잔의 목소리는 정말로 아름답습니다.

3. Biz beraber çok güzel vakit geçiriyoruz.
   우리는 매우 좋은 시간을 함께 보냅니다.

4. Koro klübüne 2 yıl önce katılmaya karar verdim.
   나는 2년 전 합창단에 참여하기로 결정했습니다.

5. Çünkü bankada her gün aynı şeyleri yapıyoruz.
   왜냐하면 우리는 은행에서 매일 동일한 일들을 하기 때문입니다.

6. İşten başka bir aktiviteye de ihtiyacım var.
   나는 업무 외에 다른 활동에 참가할 필요가 있습니다.

7. Bir arkadaşımın tavsiyesi ile başladım.
   내 친구의 추천으로 시작했습니다.

8. Tek hobim sadece bu değil.
   나의 유일한 취미는 단지 이것만이 아닙니다.

9. Bunun yanında daha aktif bir hobim var : Dalmak.
   이외에도 더욱 활동적인 취미가 있습니다 : 스쿠버다이빙입니다.

10. Dalgıç olmak için sağlıklı olmak gerekiyor.
    스쿠버다이버가 되기 위해서는 건강해야 합니다.

11 Haftada bir gün İstanbul'da dalış turları oluyor.

일주일에 한 번 이스탄불에서 다이빙 투어가 열립니다.

12 Ben genellikle Cumartesi dalış turuna katılıyorum.

나는 일반적으로 토요일에 다이빙 투어에 참여합니다.

13 Sizin de bir hobiniz varsa hayat daha güzel olur.

여러분도 취미가 있다면 삶이 더 재미있어질 것입니다.

쓰기

1. 잔과는 합창단 친구입니다. (ile, koro, arkadaşız, klübünden, Can)

2. 우리는 매우 좋은 시간을 함께 보냅니다.
(Biz, güzel, vakit, beraber, geçiriyoruz, çok)

3. 나는 2년 전 합창단에 참여하기로 결정했습니다.
(katılmaya, klübüne, 2 yıl, önce, Koro, karar verdim)

4. 왜냐하면 우리는 은행에서 매일 동일한 일들을 하기 때문입니다.
(aynı, yapıyoruz, çünkü, şeyleri, bankada, her, gün)

5 내 친구의 추천으로 시작했습니다.
(ile, başladım, arkadaşımın, tavsiyesi)

6 이외에도 더욱 활동적인 취미가 있습니다.
(aktif, yanında, daha, bir, hobim, bunun, var)

회화 테스트

1 이외에도 더욱 활동적인 취미가 있습니다.

Bunun yanında daha aktif bir hobim var.

2 우리는 은행에서 매일 동일한 일들을 한다.

Bankada her gün aynı işleri yapıyoruz.

3 합창단에 2년 전 참가하기로 결정했다.

Koro klübüne 2 yıl önce katılmaya karar verdim.

4 나는 일반적으로 토요일에 다이빙 투어에 참여합니다.

Ben genellikle Cumartesi dalış turuna katılıyorum.

5 스쿠버다이버가 되기 위해서는 건강해야 합니다.

Dalgıç olmak için sağlıklı olmak gerekiyor.

응용연습

1

Sizin hobiniz ne?

당신의 취미는 무엇인가요?

1 Benim hobim piyano çalmak.

나의 취미는 피아노 연주입니다.

2 Onun hobisi dağa tırmanmak.

그의 취미는 등산입니다.

3 Bizim hobimiz şarkı söylemek.

우리의 취미는 노래하는 것입니다.

4 Sizin hobiniz yüzmek mi?

당신의 취미는 수영입니까?

2

Koro klübüne 2 yıl önce katılmaya karar verdim.

합창단에 2년 전 참가하기로 결정했다.

1. Dağcılık klübüne 3 yıl önce katıldım.
   산악부에 3년 전 참가했다.

2. Piyano çalmayı 5 yıl önce öğrenmeye başladım.
   피아노 연주를 5년 전에 배우기 시작했다.

3. Satranç oynamayı 10 yıl önce öğrenmeye başladım.
   서양 장기를 4년 전에 배우기 시작했다.

4. 2 yıl önce resim çizmeye başladım.
   2년 전에 그림을 그리기 시작했다.

3

Bankada her gün aynı işleri yapıyoruz.

우리는 은행에서 매일 동일한 일들을 한다.

1. Ofiste her gün aynı işleri yapıyoruz.

   우리는 사무실에서 매일 동일한 일들을 한다.

2. Havuzda her gün yüzüyoruz.

   우리는 수영장에서 매일 수영을 한다.

3. Her haftasonunda dağa tırmanıyoruz.

   매주 주말 등산을 한다.

4. Her hafta 1 kere dalış yapıyorum.

   나는 매주 1회 잠수를 한다.

4

Arkadaşımın tavsiyesi ile başladım.

내 친구의 추천으로 시작했다.

1 Babamın tavsiyesi ile gitar çalmayı öğrenmeye başladım.

아버지의 추천으로 기타 연주를 배우기 시작했다.

2 Öğretmenimin tavsiyesi ile koro klübüne katıldım.

나의 선생님 추천으로 합창단에 가입했다.

3 Amcamın tavsiyesi ile futbol öğrendim.

삼촌의 추천으로 축구를 배웠다.

4 Ağabeyimin tavsiyesi ile maraton klübüne katıldım.

내 형의 추천으로 마라톤 클럽에 가입했다.

5

Biz beraber çok güzel vakit geçiriyoruz.
우리는 매우 좋은 시간을 함께 보낸다.

1. Biz her hafta beraber çok güzel vakit geçiriyoruz.
   우리는 매주 매우 좋은 시간을 함께 보낸다.

2. Biz her ay iki kere beraber dağa tırmanıyoruz.
   우리는 매월 두 번 함께 등산을 한다.

3. Biz her hafta iki kere beraber şarkı söylüyoruz.
   우리는 매주 두 번 함께 노래를 부른다.

4. Biz her pazar futbol oynuyoruz.
   우리는 매주 일요일 축구를 한다.

연습문제

En uygun cevabı seçiniz.

문제 1

Can ile koro klübün_____ arkadaşız.

① dan ② da ③ den ④ de

문제 2

Koro klübüne 2 yıl önce katılma_____ karar verdim.

① ya ② ye ③ da ④ de

문제 3

Candan: Murat, Sen ne zaman dalış turlarına katılıyorsun?

Murat: Candan, ben bir ayda bir kere dalış turlarına katılıyorum. Sen de dalış yapıyor musun?

Candan: Ben de haftada her Cumartesi İstanbul'da dalış turlarına katılıyorum.

3 Murat, ne zaman dalış turlarına katılıyor?

① Pazar ② Cumartesi

③ Bir ayda bir kere ④ Her hafta

문제 4

A: Niçin gitar çalmayı öğrendin?

B: __________ ile gitar çalmayı öğrenmeye başladım.

A: Öyle mi? Baban senin için iyi hobi seçmiş.

① Para kazanmak için ② Oynamak için

③ Öğretmenin tavsiyesi ④ Babamın tavsiyesi

문제 5

Aşağıdaki boşluk için en uygun cevabı seçiniz.

Bunun yanında daha ______ bir hobim var : Dalmak.

① sıcak ② ılımlı ③ aktif ④ sesli

제7과

Alışveriş

쇼핑

학습 목표

• 쇼핑과 관련된 표현을 학습해본다.

어휘

akıl	지능, 사고, 이성, 영리함
akıllı	영리한, 명석한, 똑똑한
almak	사다, 받다, 구입하다
anlamak	이해하다
arkadaş	친구
atkı	목도리
buyrun	들어오세요, 명령하세요, 말씀하세요
bütçe	예산
doğum	출생
dokunmak	만지다, 자극하다
düşünmek	생각하다
eldiven	장갑
erkek	남성
geçirmek	통과시키다, 들어가게하다
hediye	선물
harika	감탄, 경탄
hayırlı	행운의, 경사스런
indirim	할인

kadın	여성
kahverengi	다갈색, 커피색
kalite	품질
kart	카드
kasa	계산대
kredi	신용
kullanmak	사용하다
marka	상표, 기호
mesela	일례로
müşteri	손님
nakit	현금
nasıl	어떻게
olmak	되다
ödemek	지급하다
popüler	유행의
renk	색깔
satıcı	판매자
satmak	팔다, 판매하다
soğuk	adj. 찬, 추운/ n. 추위, 냉기

su	물
tabi	물론
takım	팀, 조, 일체, (옷) 한 벌, 세트
telefon	전화
ürün	상품
yaklaşmak	접근하다
yardımcı	조력자, 돕는 자

대화문

Müşteri: Buyrun. Nasıl yardımcı olabilirim?

어서오세요. 제가 어떻게 도와드릴까요?

Satıcı: Merhaba.

안녕하세요.

Müşteri: Bir arkadaşımın doğum günü için ona bir hediye almak istiyorum.

제 친구의 생일이기 때문에 그에게 선물을 하나 사주고 싶습니다.

Satıcı: Tabi ki. Nasıl bir şey düşünüyorsunuz? Arkadaşınız erkek mi kadın mı?

물론입니다. 당신은(손님) 어떤 걸로 생각하고 계신가요? 친구가 남자인가요 여자인가요?

Müşteri: Arkadaşım erkek. Kış ve soğuklar yaklaşıyor.

제 친구는 남자입니다. 겨울과 추위가 가까워오고 있습니다.

Bu yüzden onun için bir atkı ve eldiven takımı almak istiyorum!

이 때문에 그를 위해서 목도리와 장갑 세트를 사기를 원합니다!

Satıcı: İyi düşünmüşsünüz. Bugünlerde genellikle bu ürünleri çok satıyoruz.

잘 생각하셨습니다. 요즘에는 보통 이 상품들을 많이 팔고 있습니다.

Peki aklınızda bir marka, renk veya bütçe var mı?

좋습니다 당신 생각에(머릿속에) 브랜드, 색상 또는 가격이 있나요?

Müşteri: Hayır, önce ürünleri görmek istiyorum.
아니요, 먼저 제품들을 보고 싶습니다.

Mesela, bu kahverengi atkı ve eldiven takımı çok güzel görünüyor.
예를 들어 이 커피색 목도리와 장갑 세트가 매우 좋아 보이네요.

Satıcı: Evet. Bu, en popüler kış takımımız. Dokunarak kalitesini anlayabilirsiniz.
맞습니다. 이것이 가장 인기 있는 겨울용품 세트입니다. 만지면서 품질을 파악해 보세요.

Eldiven akıllı telefonlar için üretilmiştir.
장갑은 스마트폰용으로 제작되었습니다.

Eldiven kullanırken telefonunuzu kullanabilirsiniz! Ayrıca su da geçirmiyor.
장갑을 사용할 때에도 휴대폰을 사용하실 수 있습니다! 게다가 방수도 됩니다. (물을 통과시키지 않아요)

Müşteri: Harika! Peki bu takım ne kadar?
놀랍군요! 좋아요 이 세트는 얼마죠?

Satıcı: Bu takım şu anda 110 lira. Ödemeyi nasıl yapmayı düşünüyorsunuz?
이 세트는 현재 110리라입니다. 지불은 어떻게 하실 생각이신가요?

Kredi kartı ile ödemeyi yapacak mısınız? Nakit ile mi?
신용 카드로 지불을 하실 겁니까? 현금으로요?

Müşteri: Kredi kartı ile ödemek istiyorum. Biraz indirim var mı?

신용 카드로 지불하기를 원합니다. 조금의 할인이 있어요?

Satıcı: Evet, Sizi şöyle kasaya alalım.

네, 당신(손님)을 저쪽 계산대로 모시겠습니다.

Müşteri: Buyrun. Kredi kartım.

여기요. 제 신용 카드요.

Satıcı: Teşekkür ederim. Biraz indirim yaptım. Güle güle kullanın.

감사합니다. 조금 할인되었습니다. 행복하게 사용하세요.

Müşteri: Hayırlı işler!

행운을 빕니다!

문법

1 Soru Eki: mİ? (mı? / mi? / mu? / mü?) : 의문형 어미

a, ı → mı?

e, i → mi?

o, u → mu?

ö, ü → mü?

A	Evde öğrenci var mı?	집에 학생이 있어요?
B	Hayır, evde öğrenci yok.	아니요, 집에 학생이 없습니다.
A	TÖMER'de öğrenci var mı?	퇴메르에 학생이 있어요?
B	Evet, TÖMER'de öğrenci var.	네, 퇴메르에 학생이 있어요.
A	Tolga mühendis mi?	톨가는 엔지니어입니까?
B	Hayır, o mühendis değil, öğretmen.	아니요, 그는 엔지니어가 아니고, 선생님입니다.
A	TÖMER bir okul mu?	퇴메르는 학교입니까?
B	Evet, TÖMER bir dil okulu.	네, 퇴메르는 언어 학교(교육기관)입니다.
A	Kim, Türk mü?	김이 터키인입니까?
B	Hayır, o Türk değil, Koreli.	아니요, 그는 터키인이 아니고 한국인입니다.
A	Tolga nerede oturuyor?	톨가는 어디에 거주하지요?
B	Ankara'da oturuyor.	그는 앙카라에 거주합니다.
A	Tolga Ankara'da mı oturuyor? (~ oturuyor mu?)	톨가는 앙카라에 거주합니까?

B Evet, o Ankara'da oturuyor. 네, 그는 앙카라에 거주합니다.

A Sen nerede İngilizce öğreniyorsun? 너는 어디에서 영어를 배우니?

B Ben TÖMER'de İngilizce öğreniyorum. 나는 퇴메르에서 영어를 배워.

A TÖMER'de mi İngilizce öğreniyorsun? 퇴메르에서 영어를 배우니?
(~ öğreniyor musun?)

B Evet, ben Kızılay TÖMER'de İngilizce öğreniyorum.
응, 나는 크즐라이 퇴메르에서 영어를 배워.

2 Ne? : 의문대명사(무엇)

A Bu ne? 이것이 무엇이니?

B Bu bir kart. 이것은 명함이지.

A Bu senin kartın mı? 이것이 네 명함이니?

B Evet, bu benim kartım. 응, 이것은 내 명함이야.

A Bu ne? 이것이 무엇이니?

B Bu bir kedi. 이것은 고양이야.

A Bu senin kedin mi? 이것이 네 고양이야?

B Hayır, bu benim kedim değil. Bu onun kedisi.
아니, 이것은 내 고양이가 아니야. 이것은 그의 고양이야.

A Bu ne? 이것이 무엇이지요?

B Bu bir telefon. 이것은 전화입니다.

A Bu bir telefon mu? 이것은 전화입니까?

B Evet, bu bir telefon. 네, 이것은 전화입니다.

듣기

1 Nasıl yardımcı olabilirim?

제가 어떻게 도와드릴까요?

2 Bir arkadaşımın doğum günü için ona bir hediye almak istiyorum.

제 친구의 생일이기 때문에 그에게 선물을 하나 사주고 싶습니다.

3 Nasıl bir şey düşünüyorsunuz? Arkadaşınız erkek mi kadın mı?

당신은(손님) 어떤 걸로 생각하고 계신가요? 친구가 남자인가요 여자인가요?

4 Arkadaşım erkek. Kış ve soğuklar yaklaşıyor.

제 친구는 남자입니다. 겨울과 추위가 가까워오고 있습니다.

5 Bu yüzden onun için bir atkı ve eldiven takımı almak istiyorum!

이 때문에 그를 위해서 목도리와 장갑 세트를 사기를 원합니다!

6 İyi düşünmüşsünüz. Bugünlerde genellikle bu ürünleri çok satıyoruz.

잘 생각하셨습니다. 요즘에는 보통 이 상품들을 많이 팔고 있습니다.

7 Peki aklınızda bir marka, renk veya bütçe var mı?

좋습니다 당신 생각에 브랜드, 색상 또는 가격이 있나요?

8 Hayır, önce ürünleri görmek istiyorum.

아니요, 먼저 제품들을 보고 싶습니다.

9 Mesela, bu kahverengi atkı ve eldiven takımı çok güzel görünüyor.

예를 들어 이 커피색 목도리와 장갑 세트가 매우 좋아 보이네요.

10 Bu, en popüler kış takımımız. Dokunarak kalitesini anlayabilirsiniz.

이 세트가 가장 인기 있는 겨울용품 세트입니다. 만지면서 품질을 파악해 보세요.

11 Eldiven akıllı telefonlar için üretilmiştir.

장갑은 스마트폰용으로 제작되었습니다.

12 Eldiven kullanırken de telefonunuzu kullanabilirsiniz! Ayrıca su da geçirmiyor.

장갑을 사용할 때에도 휴대폰을 사용하실 수 있습니다! 게다가 방수도 됩니다.

13 Ödemeyi nasıl yapmayı düşünüyorsunuz?

지불을 어떻게 하실 건가요?

쓰기

1. 제가 어떻게 도와드릴까요? (olabilirim, nasıl, yardımcı)

2. 친구의 생일이기 때문에 그에게 선물을 하나 사주고 싶습니다.
(ona, doğum günü, bir, arkadaşımın, almak, için, istiyorum, bir hediye)

3. 당신은(손님) 어떤 걸로 생각하고 계신가요? (şey, düşünüyorsunuz, nasıl, bir)

4. 당신의 친구가 남자인가요 여자인가요? (mı, erkek, arkadaşınız, kadın, mi)

5. 겨울과 추위가 가까워오고 있습니다. (yaklaşıyor, soğuklar, kış, ve)

6. 이 때문에 그를 위해서 목도리와 장갑 세트를 사기를 원합니다!
(takımı, eldiven, almak, onun, bir, atkı, ve, için, istiyorum)

7. 요즘에는 보통 이 상품들을 많이 팔고 있습니다.
(ürünleri, genellikle, satıyoruz, bugünlerde, bu, çok)

8. 당신(손님)을 저쪽 계산대로 모시겠습니다. (alalım, sizi, kasaya, şöyle)

9 신용 카드로 지불하기를 원합니다. (kartı. ödemek, kredi, ile, istiyorum)

10 지불을 어떻게 하실 건가요? (yapmayı, düşünüyorsunuz, ödemeyi, nasıl)

회화 테스트

1 지불은 어떻게 하실 건가요?

Ödemeyi nasıl yapmayı düşünüyorsunuz?

2 장갑은 스마트폰용으로 제작되었습니다.

Eldiven akıllı telefonlar için üretilmiştir.

3 이것이 가장 인기 있는 겨울용품 세트입니다.

Bu, en popüler kış takımımız.

4 만지면서 품질을 파악해 보세요.

Dokunarak kalitesini anlayabilirsiniz.

5 그를 위해서 목도리와 장갑 세트를 사기를 원합니다!

Onun için bir atkı ve eldiven takımı almak istiyorum!

응용연습

1

Ona bir hediye almak istiyorum.
그에게 선물을 하나 사주고 싶습니다.

1. Arkadaşıma bir hediye almak istiyorum.
내 친구에게 선물을 하나 사주고 싶습니다.

2. Sana bir hediye almak istiyorum.
네게 선물을 하나 사주고 싶습니다.

3. Ona bir kitap almak istiyorum.
그에게 책을 하나 사주고 싶습니다.

2

Bugünlerde genellikle bu ürünleri çok satıyoruz.
요즘에 보통 이 상품들을 많이 팔고 있습니다.

1. Bugünlerde genellikle bu eldiven takımı çok satıyoruz.
요즘에 보통 이 장갑 세트를 많이 팔고 있습니다.

2 Bugünlerde genellikle bu kahverengi atkı takımı çok satıyoruz.
요즘에 보통 이 커피색 목도리 세트를 많이 팔고 있습니다.

3 Bugünlerde genellikle bu siyah eldiven takımı çok satıyoruz.
요즘에 보통 이 검은색 장갑 세트를 많이 팔고 있습니다.

3

Önce ürünleri görmek istiyorum.
먼저 제품들을 보고 싶습니다.

1 Önce siyah eldiven takımı görmek istiyorum.
먼저 검은색 장갑 세트를 보고 싶습니다.

2 Önce siyah arabayı görmek istiyorum.
먼저 검은색 자동차를 보고 싶습니다.

3 İki gün sonra siyah arabayı görmek istiyorum.
이틀 뒤 검은색 자동차를 보고 싶습니다.

4

Bu, en popüler kış takımımız.

이것이 가장 인기 있는 겨울용품 세트입니다.

1 Bu, en kaliteli kış takımımız.

이것이 가장 품질이 좋은 겨울용품 세트입니다.

2 Bu, en popüler şarkı.

이것이 가장 인기 있는 노래입니다.

3 Bu, bugünlerde en popüler şarkı.

이것이 요즘에 가장 인기 있는 노래입니다.

5

Aklınızda bir marka var mı?

당신 생각에 어떤 브랜드가 있나요?

1 Aklınızda bir renk var mı?

당신 생각에 어떤 색상이 있나요?

2 Aklınızda bir bütçe var mı?

당신 생각에 어떤 가격이 있나요?

3 Düşüncenizde bir hedef var mı?

당신 생각에 어떤 목적이 있나요?

연습문제

En uygun cevabı seçiniz.

문제 1

Müşteri: Bir arkadaşımın doğum günü için ona bir hediye almak istiyorum.

Satıcı: Tabi ki. Nasıl bir şey düşünüyorsunuz? Arkadaşınız erkek mi kadın mı?

Müşteri: Henüz kız arkadaşım yok.

1 Müşteri niçin bir hediye almak istiyor?

① arkadaşın doğum günü için ② kız için

③ arkadaşın gelmesi için ④ kız arkadaş için

문제 2

Müşteri: Bir arkadaşımın doğum günü için ona bir hediye almak istiyorum.

Satıcı: Tabi ki. Nasıl bir şey düşünüyorsunuz? Arkadaşınız erkek mi kadın mı?

Müşteri: Arkadaşım erkek. Kış ve soğuklar yaklaşıyor.

2 Müşteri kimin için bir hediye almak istiyor?

① Kız arkadaş ② Erkek arkadaş

③ Baba ④ Kardeş için

문제 3

Müşteri: Kış ve soğuklar yaklaşıyor. Bu yüzden onun için bir atkı ve eldiven takımı almak istiyorum!

Satıcı: Aralıkta alırsanız sizin için çok faydalı olacak.

3 Müşteri niçin atkı ve eldiven takımı almak istiyor?

① hava güzel ② hava sıcak

③ hava soğuk ④ hava yağmurlu

문제 4

Satıcı: Evet. Bu, en popüler kış takımımız. Dokunarak kalitesini anlayabilirsiniz.
Eldiven kullanırken telefonunuzu kullanabilirsiniz!
Ayrıca su da geçirmiyor.

Müşteri: Harika! Peki bu takım ne kadar?

4 Satıcı neyi satmak istiyor?

① en kalitesiz kış takımı ② en kış takımı

③ en ucuz kış takımı ④ en popüler kış takımı

문제 5

Satıcı: Kredi kartı ile ödemeyi yapacak mısınız? Nakit ile mi?

Müşteri: Kredi kartı ile ödemek istiyorum. Biraz indirim var mı?

5 Müşteri ne ile ödemeyi yapacak?

① Nakit ② Kredi kartı

③ Para ④ Veresiye ile

제8과

Yer ve Yön Anlatma

장소와 방향 설명

학습 목표

• 장소 찾기와 방향을 설명하는 표현을 학습해본다.

어휘

acaba	혹시
adres	주소
cadde	도로, 길
dakika	분
durak	정거장
doğru	똑바로, 곧게, 곧바로
hemen	즉시
hızlı	빠른
iskele	부두, 선창
karşı	맞은 편
kibar	고상한, 친절한
kolay	쉬운
mantıklı	논리적인, 합리적인
metre	미터
müze	박물관
otobüs	버스
pardon	실례합니다, 용서해주세요
sapmak	(방향) 바꾸다, 꺾다
sormak	묻다, 질문하다

sürmek	지속하다, 걸리다
takip etmek	따르다, 추종하다
tarif	설명, 서술
tavsiye	추천
tramvay	전차
turistik	관광의, 여행의
vapur	기선, 증기선
yabancı	외국인, 낯선
yaklaşık	대략
yer	장소, 지역
yön	방향
yöntem	방법
yürümek	걷다
zaten	좌우간, 어쨌든
zor	어려운

대화문

Özcan: Pardon. Ben buranın yabancısıyım da size bir adres sorabilir miyim, acaba?

실례합니다. 제가 이곳 사람이 아닙니다만 혹시 당신에게 주소를 물어봐도 될까요?

Candan: Tabii ki, buyrun.

물론입니다, 말씀하세요.

Özcan: Ben Ayasofya Müzesi' ne gitmek istiyorum. Acaba buradan nasıl gidebilirim?

저는 아야소피아 박물관에 가고 싶습니다. 혹시 여기서 어떻게 갈 수 있을까요?

Candan: Şimdi Beşiktaş İskelesi' ndeyiz. Neyle gitmek istiyorsunuz?

지금 우리는 베식타쉬 선착장에 있어요. 무엇을 타고 가고 싶으세요?

Özcan: Neyle gidebilrim?

제가 어떻게 갈 수 있나요?

Candan: Otobüs, tramvay veya vapur ile.

버스, 전차 혹은 배로 갈 수 있습니다.

Özcan: Hangisi daha hızlı gidiyor acaba?

어떤 것이 더 빨리 가나요?

Candan: Bu saatlerde otobüse binmenizi tavsiye etmem.

이 시간대에 버스를 타는 것은 추천하지 않습니다.

Ama binmek isterseniz caddenin karşısından 100 metre yürüyün. Otobüs durağı orada.

하지만 타고 싶으시다면 길 반대편에서 100m 걸어가세요. 버스 정거장이 거기에 있습니다.

Özcan: Peki tramvay?

그러면 전차는요?

Candan: Tramvay'a binmek için buradan yaklaşık 15 dakika doğru yürüyün. Hiçbir yere sapmayın.

전차를 타기 위해서는 여기서 약 15분 정도 곧바로 걸으세요. 어느 쪽으로도 방향을 틀지 마세유.

Orada Kabataş Tramvay İstasyonu'nu göreceksiniz. Herhangi bir tramvay'a binin ve 7 durak gidin.

그곳에서 카바타쉬 전차 정거장을 볼 수 있을 겁니다. 아무 전차나 타서 일곱 정거장을 가세요.

Sultahahmet durağında inin. Ayasofya Müzesi'ni hemen karşınızda göreceksiniz.

술탄아흐멧 정거장에서 내리세요. 아야소피아 박물관을 바로 당신의 맞은편에서 보실 수 있을 겁니다.

Özcan: Tramvay ile gitmek zormuş. Ayasofya Müzesi'ne gitmek için daha kolay yol yok mu?

전차로 가는 것이 어려운 것 같아요. 아야소피아에 가기 위해서 더 쉬운 길이 없어요?

Candan: Vapurla gitmek en kolay. Zaten şu anda iskeledeyiz.

배로 가는 것이 가장 쉬워요. 어쨌든 우리가 현재 선착장에 있습니다.

Buradan şu vapura binin ve Sirkeci iskelesinde inin. Vapurdan indikten sonra ağaçlı yolu takip edin.

여기서 저 배를 타세요. 그리고 시르케지 선착장에서 내리세요. 배에서 내린 뒤에 나무가 있는 길을 따라가세요.

İskeleden Ayasofya'ya yürüyerek sadece 15 dakika sürüyor. Ayrıca yol boyunca turistik yerleri de görebilirsiniz.

선착장에서 아야소피아까지 걸어서 단지 15분 걸립니다. 게다가 길을 따라서 관광지들도 보실 수 있습니다.

Özcan: O zaman, en mantıklı yöntem vapur ile gitmekmiş. Çok teşekkür ederim. Çok kibarsınız.

그러면, 가장 합리적인 방법이 배로 가는 것 같군요. 정말 감사합니다. 정말 친절하시네요.

Candan: Rica ederim. İyi gezmeler, iyi eğlenceler.

천만에요. 좋은 여행을 하시고 즐거운 시간 보내세요.

문법

1 Emir Kipi: 명령형

a) Olumlu (+): 긍정

İ = ı, I, u, ü (동사 어간의 모음에 맞추어 명령형 어미의 모음이 변화한다)

(Sen)	*fiil* + -	→	(Sen) *dön*!
(O)	*fiil* + -sİn	→	(O) *otursun*!
(Siz)	*fiil* + -İn(İz)	→	(Siz) *yap*ın(ız)!
(Onlar)	*fiil* + -sİnlAr	→	(Onlar) *çalış*sınlar!

(Sen)	dön	otur	yap	çalış
(O)	dönsün	otursun	yapsın	çalışsın
(Siz)	dönün	oturun	yapın	çalışın
(Onlar)	dönsünler	otursunlar	yapsınlar	çalışsınlar

b) Olumsuz (-): 부정

İ = ı, I, u, ü

(Sen)	*fiil* + -mA	→	(Sen) *dön*me!
(O)	*fiil* + -mAsİn	→	(O) *otur*masın!
(Siz)	*fiil* + -mAyİn(İz)	→	(Siz) *yap*mayın(ız)!
(Onlar)	*fiil* + -mAsİnlAr	→	(Onlar) *çalış*masınlar!

(Sen)	dönme	oturma	çalışma
(O)	dönmesin	oturmasın	çalışmasın
(Siz)	dönmeyin	oturmayın	çalışmayın
(Onlar)	dönmesinler	oturmasınlar	çalışmasınlar

2 İstek Kipi: 희망형

a) Olumlu (+): 긍정

(Ben)	*fiil* + -Ayİm	→	(Ben) *gel*eyim
(Sen)	*fiil* + -Asİn	→	(Sen) *gel*esin
(Biz)	*fiil* + -Alİm	→	(Biz) *yap*alım
(Siz)	*fiil* + -Asİnİz	→	(Siz) *yap*asınız

(Ben)	gel-eyim	oku-*y*-ayım	ver-eyim
(Sen)	gel-esin	oku-*y*-asın	ver-esin
(Biz)	gel-elim	oku-*y*-alım	ver-elim
(Siz)	gel-esiniz	oku-*y*-asınız	ver-esiniz

예 Sen çalışasın diye haber göndermiştim. (네가 공부하도록 내가 소식을 전달했었다.)
희망형 3인칭은 거의 사용되지 않으며, 2인칭은 "....diye", "....라고"와 함께 사용된다.

Şimdi eve gideyim. (나는 지금 집에 가고 싶습니다)

Şimdi kitap okuyayım. (나는 지금 책을 읽고 싶습니다)

Şimdi kitap okumayalım. (우리는 지금 책을 읽고 싶지 않습니다)

b) Olumsuz (-): 부정

(Ben)	*fiil* + -mAyAyİm	→	(Ben) *gelmeyeyim*
(Biz)	*fiil* + -mAyAlİm	→	(Biz) *yapmayalım*
			(Ben) *okuma-y-ayım*
			(Biz) *okuma-y-alım*

(Ben)	gel-me-y-eyim	oku-ma-y-ayım	ver-me-y-eyim
(Sen)	gel-me-y-esin	oku--ma--y-asın	ver-me-y-esin
(BIz)	gel-me-y-elim	oku--ma-y-alım	ver-me-y-elim
(Siz)	gel-me-y-esiniz	oku--ma-y-asınız	ver-me-y-esiniz

듣기

1 Ben buranın yabancısıyım da size bir adres sorabilir miyim?

제가 이곳 사람이 아닙니다만 당신에게 주소를 물어봐도 될까요?

2 Acaba buradan nasıl gidebilirim?

혹시 여기서 어떻게 갈 수 있을까요?

3 Şimdi Beşiktaş İskelesi'ndeyiz.

지금 우리는 베식타쉬 선착장에 있어요.

4 Neyle gitmek istiyorsunuz?

무엇을 타고 가고 싶으세요?

5 Hangisi daha hızlı gidiyor acaba?

혹시 어떤 것이 더 빨리 가나요?

6 Bu saatlerde otobüse binmenizi tavsiye etmem.

이 시간대에 버스를 타는 것은 추천하지 않습니다.

7 Caddenin karşısından 100 metre yürüyün. Otobüs durağı orada.

길 반대편에서 100m 걸어가세요. 버스 정거장이 거기에 있습니다.

8 Tramvay'a binmek için buradan yaklaşık 15 dakika doğru yürüyün.

전차를 타기 위해서 여기서 약 15분 정도 곧바로 걸으세요.

9 Orada Kabataş Tramvay İstasyonu'nu göreceksiniz. Herhangi bir tramvay'a binin.

그곳에서 카바타쉬 전차 정거장을 볼 수 있을 겁니다. 아무 전차나 타세요.

10 Ayasofya Müzesi'ni hemen karşınızda göreceksiniz.

아야소피아 박물관을 바로 당신의 맞은편에서 보실 수 있습니다.

11 Ayasofya Müzesi'ne gitmek için daha kolay yol yok mu?

아야소피아에 가기 위해서 더 쉬운 길이 없어요?

12 Buradan şu vapura binin ve Sirkeci iskelesinde inin.

여기서 저 배를 타세요. 그리고 시르케지 선착장에서 내리세요.

13 Vapurdan indikten sonra ağaçlı yolu takip edin.

배에서 내린 뒤에 나무가 있는 길을 따라가세요.

14 İskeleden Ayasofya'ya yürüyerek sadece 15 dakika sürüyor.

선착장에서 아야소피아까지 걸어서 단지 15분 걸립니다.

15 Ayrıca yol boyunca turistik yerleri de görebilirsiniz.

게다가 길을 따라서 관광지들도 보실 수 있습니다.

16 En mantıklı yöntem, vapur ile gitmekmiş.

가장 합리적인 방법이 배로 가는 것 같군요.

쓰기

1. 당신에게 주소를 물어봐도 될까요?
(sorabilir, size, miyim, bir, adres, miyim)

2. 혹시 여기서 어떻게 갈 수 있을까요?
(nasıl, acaba, gidebilirim, buradan, nasıl)

3. 어떤 것이 더 빨리 가나요?
(gidiyor, hızlı, hangisi, daha)

4. 이 시간대에 버스를 타는 것은 추천하지 않습니다.
(tavsiye, bu, otobüse etmem, binmenizi, saatlerde)

5. 전차를 타기 위해서 여기서 약 15분 정도 곧바로 걸으세요.
(15 dakika, tramvay'a, buradan, için, doğru, binmek, yürüyün, yaklaşık)

6. 그곳에서 카바타쉬 전차 정거장을 볼 수 있을 겁니다.
(Kabataş, göreceksiniz, Tramvay İstasyonu'nu, orada)

회화 테스트

1 어떤 것이 더 빨리 가나요, 혹시?

Hangisi daha hızlı gidiyor acaba?

2 이 시간대에 버스를 타는 것은 추천하지 않습니다.

Bu saatlerde otobüse binmenizi tavsiye etmem.

3 전차를 타기 위해서 여기서 약 15분 정도 곧바로 걸으세요.

Tramvay'a binmek için buradan yaklaşık 15 dakika doğru yürüyün.

4 학교에 가기 위해서 더 쉬운 길이 없어요?

Okula gitmek için daha kolay yol yok mu?

5 게다가 길을 따라서 관광지들도 보실 수 있습니다.

Ayrıca yol boyunca turistik yerleri de görebilirsiniz.

응용연습

1

Size bir adres sorabilir miyim?
당신에게 주소를 물어봐도 될까요?

1. Size bir yol sorabilir miyim?
   당신에게 길을 물어봐도 될까요?

2. Size bir polis ofisini sorabilir miyim?
   당신에게 경찰서를 물어봐도 될까요?

3. Size bir postaneyi sorabilir miyim?
   당신에게 우체국을 물어봐도 될까요?

2

Şimdi Beşiktaş İskelesi'ndeyiz.
지금 우리는 베식타쉬 선착장에 있어요.

1. Şimdi Beşiktaş İskelesi'ndesiniz.
   지금 당신은 베식타쉬 선착장에 있어요.

2. Şimdi okuldayım.
지금 나는 학교에 있습니다.

3. Şimdi sen ofistesin.
지금 너는 사무실에 있다.

3

Neyle gitmek istiyorsunuz?
무엇을 타고 가고 싶으세요?

1. Araba ile gitmek istiyorum.
자동차로 가기를 원합니다.

2. Taksi ile gitmek istiyorum.
택시로 가기를 원합니다.

3. Trenle gitmek istiyorum.
기차로 가기를 원합니다.

4. Uçakla gitmek istiyorum.
비행기로 가기를 원합니다.

4

Ayasofya Müzesi'ni hemen karşınızda göreceksiniz.
아야소피아 박물관을 바로 당신의 맞은편에서 보실 수 있습니다.

1. Postaneyi sağ tarafınızda göreceksiniz.
   우체국을 당신의 오른편에서 볼 수 있습니다.

2. Sinemayı sol tarafınızda göreceksiniz.
   영화관을 당신의 왼편에서 볼 수 있습니다.

3. Hastaneyi arkanızda göreceksiniz.
   병원을 당신의 뒤편에서 볼 수 있습니다.

5

İskeleden Ayasofya'ya yürüyerek sadece 15 dakika sürüyor.
당신 생각에 어떤 브랜드가 있나요?

1. İskeleden Ayasofya'ya yavaş yürüyerek 20 dakika sürüyor.
   선착장에서 아야소피아까지 천천히 걸어서 20분 걸립니다.

2. İskeleden Ayasofya'ya hızlı yürüyerek 10 dakika sürüyor.
   선착장에서 아야소피아까지 빨리 걸어서 10분 걸립니다.

3. İskeleden Ayasofya'ya koşarak 7 dakika sürüyor.
   선착장에서 아야소피아까지 뛰어서 7분 걸립니다.

연습문제

En uygun cevabı seçiniz.

문제 1

Aşağıdaki cümlelerde boşlukları uygun ekleri ile doldurunuz.

Ahmet ile Ayşe sinema___ gidiyorlar.

① da ② ya ③ dan ④ yı

문제 2

Aşağıdaki cümlelerde boşlukları uygun ekleri ile doldurunuz.

Öğrenciler film___ bakıyorlar.

① de ② ye ③ e ④ a

문제 3

Aşağıdaki cümlelerde boşlukları uygun ekleri ile doldurunuz.

Alışverişten önce banka___ gidiyorum. Çünkü para çekmek istiyorum.

① da ② ya ③ dan ④ yı

문제 4

Aşağıdaki cümlelerde boşlukları uygun ekleri ile doldurunuz.

Öğrenciler sınıf___ bir saat televizyon seyrediyorlar.

① da ② ya ③ a ④ ta

문제 5

Aşağıdaki cümlelerde boşlukları uygun ekleri ile doldurunuz.

Alışveriş___ sonra baban eve dönmüyor mu?

① ten ② tan ③ dan ④ den

제9과

Lokantada

식당에서

학습 목표

• 음식 주문과 음식 종류와 관련된 표현을 학습해본다.

어휘

ağır	무거운, 부담스러운, 중대한
ayran	아이란, 요구르트를 물로 희석시킨 음료
bol	충분한, 많은
buz	얼음
cam	유리
çorba	수프
domates	토마토
Döner kebap	되네르 케밥
ezogelin	렌즈 콩, 쌀, 밀가루, 고춧가루, 마늘, 양파 등이 섞여서 만들어진 수프
harika	경이, 감탄
işkembe	내장(반추동물의)
kebap	케밥
kenar	가장자리, 주변
köpüklü	거품이 있는
krema	크림
Kuzu	새끼 양
lahmacun	얇은 밀가루 반죽 위에 다진 고기를 얹어 구운 음식

marul	터키 배추의 일종
masa	책상, 식탁
maydonoz	파슬리
mercimek	녹두, 렌즈콩
mevcut	존재하는, 있는
organik	유기농
önermek	제안하다
pide	피데(피자 일종)
pilav	밥
porsiyon	1인분 음식량
roka	나도냉이(로켓 샐러드용)
salata	샐러드
sipariş	주문
şirket	회사
şiş	꼬챙이, 꼬치
tavuk	닭
uyku	잠, 수면
uyumak	자다
yeşillik	초록, 초록 빛 채소

대화문

Lokantacı: Buyrun efendim. Hoş geldiniz. Sizi şu masaya alabilirim.

어서 오세요. 환영합니다. 손님(당신)을 저쪽 자리로 안내하려 합니다.

Müşteri: Hoş bulduk. Şu masa mı? Cam kenarına oturabilir miyim?

반갑습니다. 저쪽 자리요? 창가 쪽에 앉아도 될까요?

Lokantacı: Tabii tabi. Şöyle buyrun.

물론입니다. 저쪽으로 오세요.

Müşteri: Teşekkürler.

감사합니다.

Lokantacı: Ne istersiniz?

무엇을 원하시나요?

Müşteri: Neler var, acaba?

혹시 어떤 것들이 있나요?

Lokantacı: Çorbalardan ; Mercimek çorbası, Ezogelin, Domates ve İşkembe var efendim.

초르바 메뉴로, 렌즈콩 수프, 렌틸콩, 토마토 그리고 이슈켐베 초르바가 있습니다.

Yemeklerden; Lahmacun, Pide, Adana Kebap, Urfa Kebap, Kuzu şiş, Tavuk şiş, İskender, Pilav üstü döner. Her şey mevcut.

식사 메뉴로, 라흐마준, 피데, 아다나 케밥, 우르파 케밥, (어린)양고기 구이, 닭고기 구이, 이스켄데르, 필라브를 곁들인 도네르 케밥이 있습니다. 모든 메뉴가 있습니다.

Müşteri: Çok ağır şeyler yemek istemiyorum. Ben bir domates çorbası alayım.

흠.. 많이 부담스러운 음식은 먹고 싶지 않습니다. 저는 토마토 초르바(수프)를 먹겠습니다.

Çorbayı kremayla yapıyor musunz?

수프를 크림으로 만드시나요?

Lokantacı: Hayır efendim, %100 organik domatestir.

아닙니다 손님, 100% 유기농 토마토입니다.

Müşteri: Harika! Çorbanın yanına da Ne önerirsiniz?

잘됐군요! 초르바와 함께 어떤 걸 추천하시나요?

Lokantacı: Size az yağlı bir buçuk porsiyon İskender vereyim.

선생님께 기름이 적고 양이 1.5인분인 이스켄데르 케밥을 드리겠습니다.

Yanında da güzel köpüklü bir ayran. Ne dersiniz?

거품이 있는 맛있는 아이란도 함께 나옵니다. 어떠신가요?

Müşteri: Ben aslında bu saatte yoğurt yemek istemiyorum.

저는 사실 이 시간에 요거트를 먹고 싶지 않습니다.

Çünkü şirkette daha yapacak çok işim var. Uyumak istemem.

왜냐하면 회사에서 해야 할 일들이 많이 남아있습니다. 자고 싶지 않습니다.

Biliyorsunuz, yoğurt uyku getirir.

아시다시피, 요거트는 잠이 오게 하잖아요.

Lokantacı: Anladım efendim. O zaman bir porsiyon Lahmacun yanında da bol yeşillik : roka, maydonoz, marul ve salata.

알겠습니다, 손님. 그렇다면 라흐마준 1인분과 함께 충분한 녹색 야채: 나도냉이, 파슬리, 배추와 샐러드를 드릴게요.

Müşteri: Bir porsiyonda kaç tane lahmacun var, acaba?

라흐마준은 1인분에 몇 개죠, 혹시?

Lokantacı: 3 tane efendim.

3개 입니다 손님.

Müşteri: Tamam, ben bir porsiyon lahmacun alayım. Yanında da soğuk bir kola. Buzsuz olsun lütfen.

알겠습니다, 라흐마준 1인분을 먹겠습니다. 음식과 함께 시원한 콜라 한 잔 주세요. 얼음은 빼주세요.

Lokantacı: Tabi efendim. Siparişinizi tekrarlıyorum: Bir porsiyon lahmacun ve buzsuz soğuk bir kola.

알겠습니다 손님. 손님 주문을 확인해드리겠습니다 : 라흐마준 1인분과 얼음 뺀 시원한 콜라입니다.

Müşteri: Evet, teşekkürler.

맞습니다. 감사합니다.

Lokantacı: Afiyet olsun efendim.

맛있게 드세요, 손님.

문법

1 İsim Tamlaması: 명사 수식법

터키어에서 두 개 이상의 명사가 연결되는 경우를 명사 수식법이라고 한다. 합성명사는 두 개 이상의 명사들로 구성되는 합성명사 또는 명사군을 이룬다.

a) Belirtili İsim Tamlaması: 한정명사 수식법

isim + -(n)İn isim + -(s)İ: (수식)명사 + 소유격어미 (피수식)명사 + -(s)İ

ev*in*	bahç*e*si
ayakkab*ı*nın	fiyat*ı*
tav*u*ğ*u*n	kilos*u*
g*ü*l*ü*n	reng*i*

b) Belirtisiz İsim Tamlaması: 비한정명사 수식법, 수식명사에 소유격 어미가 붙지 않는다.

isim isim + -(s)İ: (수식)명사 (피수식)명사 + -(s)İ

telefon	numara*sı*
kredi	kart*ı*
alışveriş	list*e**si*
otobüs	bil*e**ti*

2 Sert Ünsüz Yumuşaması: 무성자음의 유성음화

p	+	ünlü	→ b : p + 모음 → b
			(p 다음에 모음이 오면 p가 유성자음 b로 변한다)
ç	+	ünlü	→ c : ç + 모음 → c
t	+	ünlü	→ d : t + 모음 → d
k	+	ünlü	→ g / ğ : k + 모음 → g / ğ

kitap	+	ı	→ kitabı
ağaç	+	a	→ ağaca
tat	+	ı	→ tadı
tavuk	+	u	→ tavuğu

☑ Son ünsüzü, p, ç, t, k olan *özel isimler, tek heceli kelimeler ve bazı yabancı kelimelerde* p, ç, t, k değişmez.

(예외: 고유명사, 단음절 단어 또는 외래어인 경우에는 p,ç,t,k가 변하지 않는다.)

Zeynep	→	Zeynep'e, Zeynep'i, Zeynep'in
Aytaç	→	Aytaç'a, Aytaç'ı, Aytaç'ın
süt	→	süte, sütü, sütün
et	→	ete, eti, etin
market	→	markete, marketi, markete
Ahmet	→	Ahmet'e, Ahmet'i, Ahmet'in
fiyat	→	fiyata, fiyatı, fiyatın
kek	→	keke, keki, kekin

듣기

1 Sizi şu masaya alabilirim.

당신을 저쪽 자리로 안내하려 합니다.

2 Cam kenarına oturabilir miyim?

창가 쪽에 앉아도 될까요?

3 Çok ağır şeyler yemek istemiyorum.

많이 부담스러운 음식은 먹고 싶지 않습니다.

4 Çorbayı kremayla yapıyor musunz?

수프를 크림으로 만드시나요?

5 %100 organik domatestir.

100% 유기농 토마토입니다.

6 Ben aslında bu saatte yoğurt yemek istemiyorum.

저는 사실 이 시간에 요거트를 먹고 싶지 않습니다.

7 Çünkü şirkette daha yapacak çok işim var.

왜냐하면 회사에서 해야 할 일들이 많이 남아있습니다.

8 Bir porsiyonda kaç tane lahmacun var?

라흐마준은 1인분에 몇 개죠?

9 Ben bir porsiyon lahmacun alayım.

라흐마준 1인분을 먹겠습니다.

10 Bir porsiyon lahmacun ve buzsuz soğuk bir kola.

라흐마준 1인분과 얼음 뺀 시원한 콜라입니다.

쓰기

1. 당신을 저쪽 자리로 안내하려 합니다. (masaya, sizi, alabilirim, şu)

2. 내가 창가 쪽에 앉아도 될까요? (kenarına, oturabilir, cam, miyim)

3. 많이 부담스러운 음식은 먹고 싶지 않습니다.
(yemek, çok, şeyler, istemiyorum, ağır)

4. 저는 사실 이 시간에 요거트를 먹고 싶지 않습니다.
(yemek, aslında, saatte ben, yoğurt ,bu, istemiyorum)

5. 라흐마준은 1인분에 몇 개죠? (bir, lahmacun, kaç, var, porsiyonda, tane)

6. 수프를 크림으로 만드시나요? (kremayla, yapıyor, çorbayı, musunz)

7. 왜냐하면 회사에서 해야 할 일들이 많이 남아있습니다.
(işim, yapacak, çünkü şirkette, var, daha, çok)

회화 테스트

1. 당신을 저쪽 자리로 안내하려 합니다.

   Sizi şu masaya alabilirim.

2. 많이 부담스러운 음식은 먹고 싶지 않습니다.

   Çok ağır şeyler yemek istemiyorum.

3. 저는 사실 이 시간에 요거트를 먹고 싶지 않습니다.

   Ben aslında bu saatte yoğurt yemek istemiyorum.

4. 왜냐하면 회사에서 더 해야 할 일들이 많이 남아있습니다.

   Çünkü şirkette daha yapacak çok işim var.

5. 라흐마준은 1인분에 몇 개죠?

   Bir porsiyonda kaç tane lahmacun var?

6. 라흐마준 1인분과 얼음 뺀 시원한 콜라입니다.

   Bir porsiyon lahmacun ve buzsuz soğuk bir kola.

응용연습

1

Sizi şu masaya alabilirim.
당신을 저쪽 자리로 안내하려 합니다.

1. Size şu masayı önerebilirim.
   당신에게 저쪽 자리를 제안합니다.

2. Siz şu masaya oturabilir misiniz?
   당신은 저쪽 자리에 앉을 수 있습니까?

3. Siz şu masayı nasıl düşünüyorsunuz?
   당신은 저쪽 자리를 어떻게 생각하십니까?

2

Cam kenarına oturabilir miyim?
창가 쪽에 앉아도 될까요?

1. Cam kenarına oturmayı istemiyorum.
   창가 쪽에 앉는 것을 원하지 않습니다.

2 Cam kenarına oturmayı düşünmüyorum.

창가 쪽에 앉는 것을 생각하지 않습니다.

3 Cam kenarına oturmayı her zaman istiyorum.

창가 쪽에 앉는 것을 언제나 원합니다.

3

Çok ağır şeyler yemek istemiyorum.

많이 부담스러운 음식은 먹고 싶지 않습니다.

1 Hafif şeyler yemek istiyorum.

간편한 것(음식)을 먹기 원합니다.

2 Yağlı şeyler yemek istemiyorum.

기름진 것(음식)을 먹기 원하지 않습니다.

3 Sıcak ve yağsız yemek istiyorum.

따뜻하고 기름지지 않은 음식을 원합니다.

4

Bir porsiyon lahmacun ve buzsuz soğuk bir kola.
라흐마준 1인분과 얼음 뺀 시원한 콜라.

1 Bir porsiyon döner kebap ve buzlu soğuk bir kola.
된네르 케밥 1인분과 얼음이 들어간 콜라.

2 Az yağlı bir buçuk porsiyon İskender kebap verin.
기름이 적은 이스켄데르 케밥 1인분 반을 주세요.

3 Bir porsiyon kuru fasulye ve sıcak çay verin.
강낭콩 스튜 1인분과 따뜻한 차를 주세요.

4 Bir porsiyon pilav ve baklava verin.
밥 1인분과 바클라바(일종의 디저트)를 주세요.

5

Çünkü şirkette daha yapacak çok işim var.

왜냐하면 회사에서 해야 할 일들이 많이 남아 있다.

1 Evimde yapılacak işim var.

나의 집에 해야 될 나의 일이 있다.

2 Okulda okunacak kitap çok var.

학교에 읽어야 할 책이 많이 있다.

3 Şirkette daha yapacak işin var mı?

회사에서 더 해야 할 네 일이 있니?

4 Şirkette daha yapacak işim kalmadı.

회사에서 더 할 나의 일이 남아있지 않다.

연습문제

En uygun cevabı seçiniz.

문제 1

Aşağıdaki cümlelerde boşlukları uygun ekleri ile doldurunuz.

Sizi şu masa_____ alabilirim.

① da　　② ya　　③ dan　　④ yı

문제 2

Aşağıdaki cümlelerde boşlukları uygun ekleri ile doldurunuz.

Cam kenar___ oturabilir miyim?

① a　　② ından　　③ ında　　④ ına

문제 3

Aşağıdaki cümleleri okuduktan sonra cevap veriniz.

-Ahmet aslında bu saatte yoğurt yemek istemiyor.

Çünkü şirkette daha yapacak çok işi var. Uyumak istemez.

3 Ahmet niçin yoğurt yemek istemiyor?

① Şirkette daha yapacak çok işi var.

② Şirkette daha yapacak çok işi yok.

③ Şirkette işi yapmak istemiyor.

④ Şirkette uyumak istiyor.

문제 4

Müşteri: Harika! Çorbanın yanına da···. Ne önerirsiniz?

Lokantacı: Size az yağlı bir buçuk porsiyon İskender vereyim.

4 Lokantacı müşteriye ne önerdi?

① çok yağlı bir buçuk porsiyon İskender

② yağsız bir buçuk porsiyon İskender

③ bir porsiyon İskender

④ az yağlı bir buçuk porsiyon İskender

문제 5

Müşteri: Bir porsiyonda kaç tane lahmacun var, acaba?

Lokantacı: 3 tane efendim. İsterseniz 2 tane daha verebilirim.

Müşteri: O zaman beş tane lahmacun benim için fazla.

5 İki porsiyonda kaç tane lahmacun var?

① 3 ② 4 ③ 5 ④ 6

제10과

Randevulaşma

약속하기

학습 목표

- 약속과 관련된 표현을 학습해본다.

어휘

adres	주소
araba	자동차, 차
çalışmak	일하다, 공부하다
Çarşamba	수요일
gezi	여행
harika	감탄, 경이, 최고, 멋진
hatırlamak	기억하다
havaalanı	비행장
inmek	내리다
kahvaltı	아침 식사, 조찬
kahvehane	카페
kesinlik	명확, 확실
keyif	유쾌, 즐거움, 기분
konferans	회의, 협의
mesaj	메시지
nargile	물담배
özlemek	그리워하다

Pazartesi	월요일
telafi	보상, 복구
uçak	비행기
ucuz	저렴한, 싼
uygun	적당한, 알맞은
üzülmek	근심하다, 염려하다
yurtdışı	해외, 국외
zaten	어쨌든, 요컨대

대화문

Tuba: Alo, Ahmet. Merhaba. Nasılsın?

여보세요, 아흐멧. 안녕. 잘 있지?

Ahmet: Aaa. Merhaba Tuba. Çok iyiyim, çalışıyorum şimdi.

아아. 안녕 투바. 나는 잘 있어, 지금 일하고 있어.

Sen neler yapıyorsun? Neredesin? İstanbul'a geldin mi?

너는 뭐해? 지금 넌 어디에 있니? 이스탄불에 왔니?

Tuba: Aslında ben de seni onun için aradım.

원래 나도 그것 때문에 너한테 전화했어.

Evet, bu gelecek hafta Çarşamba günü, İstanbul'da bir konferans var.

맞아, 다음 주 수요일에 이스탄불에서 회의가 있어.

Ben Pazartesi günü gelmeyi planlıyorum.

(나는) 월요일에 갈 것을 계획하고 있어.

Ahmet: Harika! Kesinlikle görüşelim. Hatırlıyor musun?

멋지군! 우리 꼭 만나자. 너 기억해?

Geçen yıl senin geldiğin gün benim bir yurtdışı gezim vardı. Bu yüzden görüşememiştik.

작년에 네가 왔었던 날 나 해외여행 갔었잖아. 그래서 우리 만날 수 없었어.

Tuba: Hatırlamaz mıyım! Çok üzülmüştüm.

내가 어떻게 기억하지 못하겠어! 나는 매우 슬펐지(아쉬웠었어).

Ama bu sefer telafi edebiliriz. Hangi gün uygun, senin için?

하지만 이번 기회에 만회할 수 있어. 어느 날이 적당하니, 너한테?

Ahmet: Sen Pazartesi akşam, gelecek misin?

네가 월요일 저녁에 올 거니?

Tuba: Hayır, uçağım sabah 11:00'de. 12:30'da ineceğim.

아니, 11시 비행기야. 오후 12시 30분에 도착할거야.

Ahmet: Peki, hangi havaalanına ineceksin? Atatürk mü Sabiha Gökçen mi?

좋아, 어느 공항에서 내리는 거야? 아타튀르크 공항이야 사비하 괵첸 공항이야?

Tuba: Sabiha Gökçen. Çünkü oraya uçaklar daha ucuza gidiyor.

사비하 괵첸. 왜냐하면 거기로 가는 비행기가 더 싸거든.

Ahmet: Tamam, ben Pazartesi günü işten izin almaya çalışacağım. Seni havaalanından alırım.

알겠어, 월요일에 직장에서 휴가를 얻도록 노력해볼게. 너를 공항에서 픽업할게.

Önce güzel bir kahvaltı yapmaya gideriz, sonra da İstanbul'u gezeriz. Tamam mı?

우선 근사한 아침을 먹으러 가자, 그리고 이스탄불을 구경하자. 괜찮아?

Tuba: Tabii ki! Çok sevinirim. Ama benim için işinden çıkma.

물론이야! 정말 기쁠 거야. 하지만 나 때문에 네 직장에서 휴가 받지는 마.

Eğer çok işin varsa ben kendim de gelebilirim. Hala aynı yerde yaşıyor musun?

만일, 네 일이 많으면 나 혼자 가도 돼. 아직 같은 곳에 계속 살고 있니?

Ahmet: Evet, hala aynı yerde yaşıyorum.

맞아, 아직 이 같은 곳에 살아.

Tuba: Bak şöyle yapalım. Sen benim için izin alma. Ben saat 3 gibi senin evinin yakınında olurum.

자 우리 이렇게 하자. 나 때문에 휴가 받지 마. 내가 3시쯤 너희 집 근처에 있을 거야.

2 saat sonra da sen gelirsin. Sen gelene kadar senin evinin yanındaki kahvehanede otururum. Olur mu?

너도 두 시간 뒤면 오잖아. 네가 올 때까지 너희 집 근처 카페에 앉아 있을게. 괜찮지?

Ahmet: Aslında böyle daha iyi. Çünkü Salı günü izin alırsam, bütün gün beraber olabiliriz.

사실 이런 방법이 더 좋아. 왜냐하면 내가 화요일에 휴가를 받으면, 하루 종일 같이 있을 수 있거든.

O zaman sana adresimi tekrar mesaj olarak göndereceğim sana. Belki unutmuşsun.

그러면 너에게 내 집 주소를 다시 메시지로 보낼게. 아마 너가 잊어버렸을 거야.

Tuba: Hiç değişmemişsin, Ahmet. Peki, İstanbul'da neler yapacağız?

너 하나도 안 변했겠지, 아흐멧. 좋아, 우리 이스탄불에서 뭘 할까?

Ahmet: Salı günü ben eve geldikten sonra seninle Ortaköy'de bir yemek yiyelim!

화요일에 내가 집에 온 다음 너하고 오르타쿄이에서 밥 먹을래!

Sonra da Boğaz'da nargile ve çay içelim mi?

그리고 보스포러스에서 물담배 피고 차 마실까?

Tuba: Ah. Evet! çok özledim onları.

아. 좋아! 그것들이 정말 그리웠어.

Sonra da beni biraz arabayla gezdirirsin, değil mi?

그리고 네가 자동차로 드라이브를 시켜주겠지, 안 그래?

문법

1 초월시제 (Geniş Zaman)

-r, -Ar, -Ir; 초월시제는 반복되는 동작, 습관 또는 행위에 대해 표현할 때 사용되며 과거, 현재, 미래 시제를 대신할 수 있다.

1) 긍정형

(Ben)	fiil + -(I/A)rIm	→	(Ben) gel-ir-im	(나는) 온다
(Sen)	fiil + -(I/A)rsIn	→	(Sen) dön-er-sin	(너는) 돌아온다
(O)	fiil + -(I/A)r	→	(O) otur-ur	(그는) 앉아있다
(Biz)	fiil + -(I/A)rIz	→	(Biz) öğren-ir-iz	(우리는) 배운다
(Siz)	fiil + -(I/A)rsInIz	→	(Siz) yap-ar-sınız	(당신은) 행한다
(Onlar)	fiil + -(I/A)rlar	→	(Onlar) çalış-ır-lar	(그들은) 일한다

• almak 의 초월시제 긍정형

인칭	단수	복수
1인칭	al-ır-ım	al-ır-ız
2인칭	al-ır-sın	al-ır-sınız
3인칭	al-ır	al-ır-lar

동사 어간이 모음으로 끝나면 초월시제 어미 r가 붙는다:

- r + kişi eki(인칭 어미)

예 okumak

인칭	단수	복수
1인칭	oku-r-um	oku-r-uz
2인칭	oku-r-sun	oku-r-sunuz
3인칭	oku-r	oku-r-lar

예 dinlemek

인칭	단수	복수
1인칭	dinle-r-im	dinle-r-iz
2인칭	dinle-r-sin	dinle-r-siniz
3인칭	dinle-r	dinle-r-ler

동사 어간이 자음으로 끝나면 -ar, -er 가 붙는다: -ar, -er + kişi eki(인칭 어미)

예 bakmak

인칭	단수	복수
1인칭	bak-ar-ım	bak-ar-ız
2인칭	bak-ar-sın	bak-ar-sınız
3인칭	bak-ar	bak-ar-lar

예 gülmek

인칭	단수	복수
1인칭	gül-er-im	gül-er-iz
2인칭	gül-er-sin	gül-er-siniz
3인칭	gül-er	gül-er-ler

그러나 almak, bilmek, bulmak, gelmek, görmek, kalmak, olmak, ölmek, varmak, vermek, vurmak, sanmak 는 동사 어간이 자음으로 끝났지만 예외적으로 동사 어간의 마지막에 있는 모음에 따라 조화하여 -ir, -ır, -ur, -ür 가 붙는다.

동사어간 + -ir, -ır, -ur, -ür + kişi eki(인칭 어미)

Örnek:

Ben al-ır-ım

Sen bil-ir-sin

O bul-ur

Biz var-ır-ız

Siz ver-ir-siniz

Onlar san-ır-lar

2) 부정형

(Ben)	fiil + -mAm	→	(Ben) gel-me-m
(Sen)	fiil + -mAzsin	→	(Sen) dön-mez-sin
(O)	fiil + -mAz	→	(O) otur-maz
(Biz)	fiil + -mAyİz	→	(Biz) öğren-me-y-iz

(Siz)	fiil + -mAzsİnİz	→	(Siz) yap-maz-sınız
(Onlar)	fiil + -mAzlar	→	(Onlar) çalış-maz-lar

• almak의 초월시제 부정형

인칭	단수	복수
1인칭	al-ma-m	al-ma-y-ız
2인칭	al-maz-sın	al-maz-sınız
3인칭	al-maz	al-maz-lar

• dönmek의 초월시제 부정형

인칭	단수	복수
1인칭	dön-me-m	dön-me-y-iz
2인칭	dön-mez-sin	dön-mez-siniz
3인칭	dön-mez	dön-mez-ler

3) 긍정의문형

(Ben)	fiil + -(I/A)r mİyİm?	→	(Ben) gelir mi-y-im?
(Sen)	fiil + -(I/A)r mİsİn?	→	(Sen) döner mi-sin?
(O)	fiil + -(I/A)r mİ?	→	(O) oturur mu?
(Biz)	fiil + -(I/A)r mİyİz?	→	(Biz) öğrenir mi-y-iz?
(Siz)	fiil + -(I/A)r mİsİnİz?	→	(Siz) yapar mı-sınız?
(Onlar)	fiil + -(I/A)rlar mİ?	→	(Onlar) çalışır-lar mı?

• almak의 초월시제 긍정의문형

인칭	단수	복수
1인칭	al-ır mı-y-ım?	al-ır mı-y-ız?
2인칭	al-ır mı-sın?	al-ır mı-sınız?
3인칭	al-ır mı?	al-ır-lar mı?

• gelmek의 초월시제 긍정의문형

인칭	단수	복수
1인칭	gel-ir mi-y-im?	gel-ir mi-y-iz?
2인칭	gel-ir mi-sin?	gek-ir mi-siniz?
3인칭	gel-ir mi?	gel-ir-ler mi?

듣기

1 Aslında ben de seni onun için aradım.

원래 나도 그것 때문에 너한테 전화했어.

2 Ben Pazartesi günü gelmeyi planlıyorum.

(나는) 월요일에 갈 것을 계획하고 있어.

3 Geçen yıl senin geldiğin gün benim bir yurtdışı gezim vardı.

작년에 네가 왔었던 날 내가 해외여행 갔었잖아.

4 Bu yüzden görüşememiştik.

그래서 우리 만날 수 없었어.

5 Ama bu sefer telafi edebiliriz.

하지만 이번 기회에 만회할 수 있어.

6 Hangi gün uygun, senin için?

어느 날이 적당하니, 너한테?

7 Ben Pazartesi günü işten izin almaya çalışacağım.

내가 월요일에 직장에서 휴가를 얻도록 노력해볼게.

8 Seni havaalanından alırım.

너를 공항에서 픽업할게.

9 Önce güzel bir kahvaltı yapmaya gideriz, sonra da İstanbul'u gezeriz.

우선 근사한 아침을 먹으러 가자, 그리고 이스탄불을 구경하자.

10 Eğer çok işin varsa ben kendim de gelebilirim.

만일, 네 일이 많으면 나 혼자 가도 돼.

11 Hala aynı yerde yaşıyor musun?

아직 같은 곳에 계속 살고 있니?

12 Ben saat 3 gibi senin evinin yakınında olurum.

내가 3시쯤 네 집 근처에 있을 거야.

13 Sen gelene kadar senin evinin yanındaki kahvehanede oturururum.

네가 올 때까지 너희 집 근처 카페에 앉아 있을게.

14 Çünkü Salı günü izin alırsam, bütün gün beraber olabiliriz.

왜냐하면 내가 화요일에 휴가를 받으면, 하루 종일 같이 있을 수 있거든.

15 O zaman sana adresimi tekrar mesaj olarak göndereceğim sana.

그러면 너에게 내 집 주소를 다시 메시지로 보낼게.

16 Ben eve geldikten sonra seninle Ortaköy' de bir yemek yiyelim!

내가 집에 온 뒤에 너하고 오르타쾨이에서 밥 먹을래!

쓰기

1 원래 나도 그것 때문에 너한테 전화했어.
(için, ben, aslında, de, onun, aradım, seni)

2 나는 월요일에 갈 것을 계획하고 있어.
(gelmeyi, günü, ben, Pazartesi, planlıyorum)

3 작년에 네가 왔었던 날 내가 해외여행 갔었잖아.
(gezim, geçen, senin, gün, benim, bir, yurtdışı, geldiğin, yıl, vardı)

4 내가 월요일에 직장에서 휴가를 얻도록 노력해볼게.
(Pazartesi, çalışacağım, ben, izin, günü, işten, almaya)

5 우선 근사한 아침을 먹으러 가자.
(yapmaya, önce, bir, kahvaltı, güzel, gideriz)

6 내가 3시쯤 네 집 근처에 있을 거야.
(olurum, evin, saat, 3 gibi, senin, ben, yakınında)

회화 테스트

1. 원래 나도 그것 때문에 너한테 전화했어.

   Aslında ben de seni onun için aradım.

2. 나는 월요일에 그곳에 갈 것을 계획하고 있어.

   Ben Pazartesi günü oraya gelmeyi planlıyorum.

3. 작년에 네가 왔었던 날 내가 해외여행 갔었잖아.

   Geçen yıl senin geldiğin gün benim bir yurtdışı gezim vardı.

4. 우선 근사한 아침을 먹으러 가자, 그리고 이스탄불을 구경하자.

   Önce güzel bir kahvaltı yapmaya gideriz, sonra da İstanbul'u gezeriz.

5. 만일, 네 일이 많으면 나 혼자 가도 돼.

   Eğer çok işin varsa ben kendim de gelebilirim.

6. 내가 월요일에 직장에서 휴가를 얻도록 노력해볼게.

   Ben Pazartesi günü işten izin almaya çalışacağım.

응용연습

1

Ben Pazartesi günü (oraya) gelmeyi planlıyorum.
(나는) 월요일에 (거기에) 갈 것을 계획하고 있어.

1. Ben haftasonunda oarya gelmeyi planlıyorum.
나는 주말에 거기에 갈 것을 계획하고 있어.

2. Ben haftasonunda dinlenmeyi planlıyorum.
나는 주말에 쉴 것을 계획하고 있어.

3. Sen bu ayın sonunda dinlenmeyi planlıyorsun.
너는 이 달 말에 쉴 것을 계획하고 있어.

2

Ben Pazartesi günü işten izin almaya çalışacağım.
내가 월요일에 직장에서 휴가를 얻도록 노력해볼게.

1. Biz Pazartesi günü işten izin almaya çalışacağız.
우리는 월요일에 직장에서 휴가를 얻도록 노력할 겁니다.

2 Ben Pazartesi günü işe gitmeye çalışacağım.

내가 월요일에 직장에 가도록 노력해볼게.

3 Ben bir hafta işten izin almaya çalışacağım.

내가 직장에서 일주일 휴가를 얻도록 노력해볼게.

3

Seni havaalanından alırım.

(내가) 너를 공항에서 픽업할게.

1 Seni evinden alırım.

(내가) 너를 집에서 픽업할게.

2 Seni ofisten alırım.

(내가) 너를 사무실에서 픽업할게.

3 Beni havaalanından al.

(네가) 나를 공항에서 픽업해.

4

Ben saat 3 gibi senin evinin yakınında olurum.

내가 3시쯤 네 집 근처에 있을 거야.

1. Ben saat 3 gibi benim evimin yakınında olurum.
   내가 3시쯤 나의 집 근처에 있을 거야.

2. O saat 3 gibi onun evinin yakınında olacak.
   그는 3시쯤 그의 집 근처에 있을 거야.

3. Ben saat 3 gibi onun evinin yakınında olurum.
   내가 3시쯤 그의 집 근처에 있을 거야.

5

Önce güzel bir kahvaltı yapmaya gideriz.

우선 근사한 아침을 먹으러 가자.

1. Saat ikiden önce öğle yemeğini yemeye gideriz.
   우리는 2시 전에 점심을 먹으러 갑니다.

2. saat altı gibi akşam yemeğini yemeye gideriz.
   우리는 6시쯤 저녁밥을 먹으러 갑니다.

3. Banam saat altı gibi akşam yemeğini yemeye gidecek.
   나의 아버지는 6시쯤 저녁밥을 드시러 갈 겁니다.

연습문제

En uygun cevabı seçiniz.

문제 1

Aşağıdaki cümlelerde boşlukları geniş zaman eki ile doldurunuz.

Ben her sabah saat yedide kahvaltı yap____.

① arım ② arsın ③ ıyorum ④ arız

문제 2

Aşağıdaki cümlelerde boşlukları geniş zaman eki ile doldurunuz.

Sen bugün benimle okula gel__ misin?

① ecek ② iyor ③ ir ④ er

문제 3

Aşağıdaki cümlelerde boşlukları geniş zaman eki ile doldurunuz.

Annem yemekle birlikte içecek al____.

① ıyor ② maz ③ mazsın ④ ıyorum

문제 4-5

Aşağıdaki cümleleri okuduktan sonra cevap veriniz.

Tuba: Bak şöyle yapalım. Sen benim için izin alma. Ben saat 3 gibi senin evin yakınında olurum. 2 saat sonra da sen gelirsin. Sen gelene kadar senin evinin yanındaki kahvehanede otururum. Olur mu?

Ahmet: Aslında böyle daha iyi. Çünkü Salı günü izin alırsam, bütün gün beraber olabiliriz. O zaman sana adresimi tekrar mesaj olarak göndereceğim sana. Belki unutmuşsun.

4 Ahmet niçin Salı günü izin almak istiyor?

① Ahmet kahvehanede oturmak istiyor

② Kahvehanede işi yapmak istiyor

③ Şirkette işi yapmak istemiyor

④ Bütün gün arkadaşı ile beraber olmak istiyor

5 Ahmet niçin mesaj gönderecek?

① Salı günü izin almak için

② Kahvehanede oturmak için

③ Adresini anlatmak için

④ Şirketten izin almak için

제11과

Telefon Görüşmesi

전화하기

학습 목표

- 전화하는 태도와 대화 방식과 관련된 표현을 학습해본다.

어휘

ağrımak	아프다
ateş	열, 열기
anlayışlı	이해심이 있는, 관용적인
beklemek	기다리다
çabuk	빠르게
doktor	의사
dönmek	돌아가다
eczane	약국
ev	집
geçmiş olsun	회복하다
görüşmek	만나다, 대화하다, 보다
güzelce	잘, 매우
hasta	환자
hastane	병원, 진료소
ilaç	약
iyileşmek	회복하다, 좋아지다
öksürmek	기침하다
rahatsız	불편한, 폐가 되는

rica	요망, 요구, 청원
üşütmek	감기 걸리다
yarın	내일
yüksek	높은

대화문

Sekreter: Alo, Buyurun!

여보세요, 말씀하세요!

Funda Hanım: İyi günler! Ben Funda KÖSE. Mehmet Beyle görüşebilir miyim?

안녕하세요! 저는 푼타 쾨세입니다. 메흐멧 씨와 통화할 수 있을까요?

Sekreter: Evet, Mehmet Bey burada. Görüşmek ister misiniz?

네, 메흐멧 씨는 여기에 있어요. 통화하길 원하세요?

Funda Hanım: Evet, Mehmet Bey'le görüşmek istiyorum.

네, 메흐멧 씨와 통화하기를 원합니다.

Sekreter: Biraz bekleyin. Mehmet Bey yanımda çalışıyor. Hemen bağlıyorum.

잠시 기다리세요. 메흐멧 씨가 제 옆에서 일합니다. 바로 연결할게요.

Biraz sonr... (잠시 뒤)

Funda Hanım: Alo! İyi günler, Mehmet Bey! Sizi rahatsız ettim.

여보세요! 안녕하세요, 메흐멧 씨! 당신에게 폐를 끼치네요.

Mehmet Bey: Rica ederim, Funda Hanım! Nasılsınız?

천만에요, 푼타 부인! 어떻게 지내세요?

Funda Hanım: Teşekkür ederim, Mehmet Bey. Hastayım ve yüksek ateşim var.

고맙습니다, 메흐멧 씨. 제가 아프고 고열이 있어요.

Mehmet Bey: Çabuk geçmiş olsun! Neyiniz var?

빨리 나으세요! 어디가 아프십니까?

Funda Hanım: Sanırım üşüttüm. Öksürüyorum ve başım ağrıyor.

제 생각에는 감기가 걸린 것 같아요. 기침이 나고 머리가 아파요.

Bu yüzden, doktora gitmeliyim.

그 때문에 의사에게 가야해요.

Mehmet Bey: Bugün işe gelmeyin, Funda Hanım! Eczaneden ilaç alıp onu içmelisiniz.

오늘 직장에 오지 마세요, 푼타 부인! 약국에서 약을 사서 그것을 먹으세요.

Hastaneden sonra evinize dönmelisiniz ve evde güzelce dinlenmelisiniz.

병원에 다녀온 후에 집에 돌아가시고 집에서 잘 쉬어야합니다.

Funda Hanım: Teşekkür ederim! Yarın işe gidip çalışmak istiyorum.

감사합니다! 내일은 직장에 가서 근무하기를 원합니다.

Mehmet Bey: Kendinize iyi bakın! Yarın ateşiniz varsa evde dinleneceksiniz!

당신을 잘 보살피세요! 내일 열이 있으면 집에서 쉬어야합니다.

Funda Hanım: Teşekkürler, Mehmet Bey! Yarın sabah iyileşince ofise gelmeye çalışacağım. İyi günler!

감사합니다, 메흐멧 씨! 내일 아침에 회복되면 사무실에 가기 위해 노력하겠습니다. 잘 지내세요!

Mehmet Bey: Görüşmek üzere, Funda Hanım. Size de iyi günler.

또 뵙겠습니다, 푼타 부인. 당신도 잘 지내세요.

문법

1 Yeterlik Eylemi: -Abilmek: 가능형 어미

-Abilmek, genellikle geniş zamanla kullanılır. (-Abilmek은 일반적으로 초월시제로 사용된다.)

a) Olumlu (+): 긍정

(Ben)	fiil + -Abilirim	→	(Ben) gelebilirim
(Sen)	fiil + -Abilirsin	→	(Sen) dönebilirsin
(O)	fiil + -Abilir	→	(O) oturabilir
(Biz)	fiil + -Abiliriz	→	(Biz) öğrenebiliriz
(Siz)	fiil + -Abilirsiniz	→	(Siz) yapabilirsiniz
(Onlar)	fiil + -Abilirler	→	(Onlar) çalışabilirler

(Ben)	gelebilirim	oturabilirim	yapabilirim
(Sen)	gelebilirsin	oturabilirsin	yapabilirsin
(O)	gelebilir	oturabilir	yapabilir
(Biz)	gelebiliriz	oturabiliriz	yapabiliriz
(Siz)	gelebilirsiniz	oturabilirsiniz	yapabilirsiniz
(Onlar)	gelebilirler	oturabilirler	yapabilirler

b) Olumsuz (-): 부정

(Ben)	fiil + -AmAm	→	(Ben) gelemem
(Sen)	fiil + -AmAzsİn	→	(Sen) dönemezsin
(O)	fiil + -AmAz	→	(O) oturamaz
(Biz)	fiil + -AmAyİz	→	(Biz) öğrenemeyiz
(Siz)	fiil + -AmAzsİnİz	→	(Siz) yapamazsınız
(Onlar)	fiil + -AmAzlAr	→	(Onlar) çalışamazlar

(Ben)	gelemem	oturamam	yapamam
(Sen)	gelemezsin	oturamazsın	yapamazsın
(O)	gelemez	oturamaz	yapamaz
(Biz)	gelemeyiz	oturamayız	yapamayız
(Siz)	gelemezsiniz	oturamazsınız	yapamazsınız
(Onlar)	gelemezler	oturamazlar	yapamazlar

c) Olumlu Soru (+?): 긍정의문

(Ben)	fiil + -Abilir miyim?	→	(Ben) gelebilir miyim?
(Sen)	fiil + -Abilir misin?	→	(Sen) dönebilir misin?
(O)	fiil + -Abilir mi?	→	(O) oturabilir mi?
(Biz)	fiil + -Abilir miyiz?	→	(Biz) öğrenebilir miyiz?
(Siz)	fiil + -Abilir misiniz?	→	(Siz) yapabilir misiniz?
(Onlar)	fiil + -Abilirler mi?	→	(Onlar) çalışabilirler mi?

2 ve Bağlacı: ve 접속사, 주어, 목적어, 보어, 동사 및 문장 등을 연결한다.

Ahmet, yeni bir araba ve ev aldı.

Ben, sen ve o, üçümüz de Koreliyiz.

Sevgili öğretmenler ve öğrenciler, hoş geldiniz!

Bu lokantada döner kebap, salata ve ayran çok lezzetli.

Kahvaltıda zeytin, peynir ve reçel yerim.

Hafta sonları spor yaparım ve arkadaşlarımla görüşürüm.

3 ile / -(y)lA Bağlacı: ile(~와)

1) 동시에 이루어진 일에서 사물 또는 사람을 연결한다.

Kim ile Lee, her yaz birlikte Türkiye'ye giderler.

Fatma ile Erhan evliler.

2) 동시에 이루어진 일에서 두 주체가 함께 행동할 경우 사용된다.

Bayram, Kore'ye Funda'yla gitti.

Zeynep, bugün Kuzey'le oynamak istemiyor.

Ben de sizinle gelebilir miyim?

(Siz) Benimle sinemaya gelir misin?

Çayla birlikte sigara içmek çok zararlı.

3) 어떤 일이 하나의 수단이나 도구로 이용될 경우 사용된다.

İzmir'e otobüsle gidebilir miyiz?

Okula metroyla gitmek daha kolay.

Eve neden taksiyle döndü?

Bu çikolatayla kek yapabilirim.

ben	→	benimle
sen	→	seninle
o	→	onunla
biz	→	bizimle
siz	→	sizinle
onlar	→	onlarla

듣기

1 İyi günler! Ben Funda KÖSE. Mehmet Beyle görüşebilir miyim?

안녕하세요, 저는 푼다 쾨세입니다. 메흐멧 씨와 통화할 수 있을까요?

2 Biraz bekleyin. Mehmet Bey yanımda. Hemen bağlıyorum.

잠시 기다리세요. 메흐멧 씨가 내 옆에 있어요. 바로 연결할게요.

3 Alo! İyi günler, Mehmet Bey! Sizi rahatsız ettim.

여보세요! 안녕하세요, 메흐멧 씨! 당신에게 폐를 끼치네요.

4 Mehmet Bey! Hastayım ve yüksek ateşim var.

메흐멧 씨! 제가 아프고 고열이 있어요.

5 Sanırım üşüttüm. Öksürüyorum ve başım ağrıyor.

제 생각으로 감기가 걸린 것 같아요. 기침이 나고 머리가 아파요.

6 Bugün işe gelmeyin. Eczaneden ilaç alıp onu içmelisiniz.

오늘 직장에 오지 마세요. 약국에서 약을 사서 드세요.

7 Hastaneden sonra evinize dönmelisiniz ve evde güzelce dinlenmelisiniz.

병원에 다녀온 후에 집에 돌아가서 잘 쉬어야합니다.

8 Teşekkür ederim! Yarın işe gidip çalışmak istiyorum.

감사합니다! 내일은 직장에 가서 근무하기를 원합니다.

9 Kendinize iyi bakın! Yarın ateşiniz varsa evde dinleneceksiniz!

당신을 잘 보살피세요! 내일 열이 있으면 집에서 쉬어야합니다!

10 Yarın sabah iyileşince ofise gelmeye çalışacağım.

내일 아침에 회복되면 사무실에 가기 위해 노력하겠습니다.

쓰기

1 잠시 기다리세요. 메흐멧 씨가 내 옆에 있어요.
(biraz, yanımda, bekleyin, Mehmet Bey)

2 제가 아프고 고열이 있어요. (var, ateşim, hastayım, ve, yüksek)

3 기침을 하고 머리가 아파요. (başım, öksürüyorum, ağrıyor, ve)

4 약국에서 약을 사서 그것을 먹으세요. (içmelisiniz, eczaneden, onu, ilaç, alıp)

5 병원에 다녀온 후에 집에 돌아가서 잘 쉬어야합니다.
(güzelce, dönmelisiniz, hastaneden, dinlenmelisiniz, sonra, evde, evinize, ve)

6 내일은 직장에 가서 근무하기를 원합니다.
(istiyorum, yarın, gidip, işe, çalışmak)

7 내일 열이 있으면 집에서 쉬어야합니다.
(dinleneceksiniz, yarın, varsa, ateşiniz, evde)

회화 테스트

1 잠시 기다리세요. 메흐멧 씨가 내 옆에 있어요. 바로 연결할게요.

Biraz bekleyin. Mehmet Bey yanımda. Hemen bağlıyorum.

2 메흐멧 씨와 통화할 수 있을까요?

Mehmet Beyle görüşebilir miyim?

3 제가 아프고 고열이 있어요.

Hastayım ve yüksek ateşim var.

4 약국에서 약을 사서 드세요.

Eczaneden ilaç alıp onu içmelisiniz.

5 내일은 직장에 가서 근무하기를 원합니다.

Yarın işe gidip çalışmak istiyorum.

응용연습

1

Hastayım ve yüksek ateşim var.

나는 아프고 고열이 있어요.

1. Hastaysın ve yüksek ateşin var.

   당신은 아프고 고열이 있어요.

2. Hastayım ve öksürüyorum.

   나는 아프고 기침을 합니다.

3. Hastayım ve başım da ağrıyor.

   나는 아프고 머리 또한 아픕니다.

2

Bugün işe gelmeyin.

오늘 직장에 오지 마세요.

1. Yarın işe gelmeyin.

   내일 직장에 오지 마세요.

2 Bugün ofise gelmeyin ve evde dinlenin.

오늘 사무실에 오지 마시고 집에서 쉬세요.

3 Yarın okula gelin.

내일 학교에 오세요.

3

Hastaneden sonra evinize dönmelisiniz.

병원에 다녀온 후에 집에 돌아가세요.

1 Hastaneden sonra eczaneye gidin.

병원에 다녀온 후 약국에 가세요.

2 Hastaneden sonra eczaneye gidin ve ilaç alın.

병원에 다녀온 후 약국에 가서 약을 받으세요.

3 Hastaneye gidin ve doktor ile görüşün.

병원에서 의사하고 만나세요.

4 Hastaneye gidin ve doktordan reçete alın.

병원에 가서 의사에게 처방전을 받으세요.

4

Yarın işe gidip çalışmak istiyorum.

내일은 직장에 가서 근무하기를 원합니다.

1 Bugün işe gidip şube müdürü ile görüşmek istiyorum.

오늘 직장에 가서 지점장님과 만나기를 원합니다.

2 Dün hastalandım ve bugün evde dinleniyorum.

어제 나는 병을 얻어서 오늘 집에서 쉰다.

3 Yarın sabah iyileşince ofise gitmek istiyorum.

내일 아침에 회복되면 나는 사무실에 가기를 원합니다.

연습문제

En uygun cevabı seçiniz.

문제 1

Aşağıdaki cümlelerde boşlukları yeterlik eylemi ekiyle doldurunuz.

O bu gece bu kitabı bitir______ .

① ebilir ② ebilirim ③ ebilirsin ④ ir

문제 2

Aşağıdaki cümlelerde boşlukları yeterlik eylemi ekiyle doldurunuz.

Ben bugün iki porsiyon tatlı al______ .

① alabilir ② alabilirim ③ ırım ④ alıyorum

문제 3

Aşağıdaki cümleleri okuduktan sonra cevap veriniz.

Funda Hanım: Mehmet Bey'le görüşmek istiyorum. Ben evdeyim ve ofise gelemedim.

Sekreter: Biraz bekleyin. Mehmet Bey yanımda çalışıyor. Hemen bağlıyorum.

3 Mehmet Bey nerede?

① Evde

② Ofise gelemedi.

③ Sekreter yanında

④ Funda Hanımın yanında

문제 4-5

Aşağıdaki cümleleri okuduktan sonra cevap veriniz.

Mehmet Bey: Bugün işe gelmeyin, Funda Hanım! Eczaneden ilaç alıp onu içmelisiniz. Hastaneden sonra evinize dönmelisiniz ve evde güzelce dinlenmelisiniz.

Funda Hanım: Çok anlayışlısınız. Teşekkür ederim! Yarın işe gidip çalışmak istiyorum.

Mehmet Bey: Kendinize iyi bakın! Yarın ateşiniz varsa evde dinleneceksiniz!

Funda Hanım: Teşekkürler, Mehmet Bey! Yarın sabah iyileşince ofise gelmeye çalışacağım. İyi günler!

4 Funda Hanım hastaneden sonra ne yapacak? Yanlış olanı seçiniz.

① İlaç alıp içecek. ② Eve dönecek.

③ Evde dinlenecek ④ İşe gidecek.

5 Funda Hanım iyileşince ne yapacak?

① Evde dinlenecek. ② İlaç alıp içecek.

③ Eczaneye gidecek. ④ Ofise gidecek.

제12과

Bankada Hesap Açtırma

은행 계좌 개설하기

학습 목표

- 은행에서 계좌 개설하는 대화 방식과 관련된 표현을 학습해본다.

어휘

açtırmak	열게 하다
banka	은행
çevirmek	전환하다, 바꾸다
defter	공책, 기록부
dekont	명세서
doldurmak	채우다
döviz	외환
form	형식, 문서 서식, 신청 용지
gerekmek	필요하다
hane	칸, 집
hesap	계좌, 계산, 거래
imza	서명
işlem	절차
işlemek	처리하다, 작업하다
kimlik	신분증
kolay	쉬운
komisyon	수수료, 커미션(Commission)
pasaport	여권

şifre	비밀번호
yabancı	외국인, 외국의, 낯선
yardımcı	보조자, 보조적인
yatırmak	저축하다, 자게하다

대화문

Banka Memuru: Buyurun, Beyefendi! Hoş geldiniz!
들어 오세요, 손님! 어서 오세요!

Turist: Hoş bulduk.
만나서 반갑습니다.

Banka Memuru: Nasıl yardımcı olabilirim?
어떻게 도와드릴까요?

Turist: Bankanızda hesap açtırmak istiyorum.
귀 은행에서 계좌를 열기를 원합니다.

Banka Memuru: Tabi, Beyefendi! Döviz hesabı mı, Türk Lirası hesabı mı?
물론이지요, 손님! 달러 계좌인가요, 터키 리라(Türk Lirası) 계좌인가요?

Turist: Dolar hesabı açtırmak istiyorum.
달러 계좌 개설을 원합니다.

Banka Memuru: Elbette! Pasaportunuzu veya kimliğinizi alabilir miyim?
물론이지요! 당신의 여권이나 신분증을 볼 수 있을까요?

Turist: Buyurun!
여기요!

Banka Memuru: Bu formu doldurun, lütfen!
이 용지에 작성해주세요, 미안하지만요!

Turist: Formu doldurdum, başka bir işlem var mı?
이 용지에 작성했어요. 또 다른 절차가 있나요?

Banka Memuru: Evet. Dört haneli şifrenizi yazın. Şurayı imzalamanız gerekiyor.
네, 네 자리 비밀번호를 써주세요. 여기에 (당신의) 사인이 필요합니다.

Turist: Tabi!
물론이지요!

Banka Memuru: Hesabınız açıldı.
당신의 계좌가 개설됐습니다.

Turist: Bankanızda hesap açtırmak çok kolaymış!
귀 은행에서 계좌를 여는 것이 매우 쉽군요!

Banka Memuru: Teşekkürler, Beyefendi! Para yatırmak istiyor musunuz?
감사합니다, 손님! 돈을 예금하기를 원하십니까?

Turist: Evet, 500$ yatıracağım. Buyurun!

네, 500$ 를 예금하겠습니다. 여기요!

Banka Memuru: 500$'ı hesabınıza işledim. Buyurun, hesap defteriniz! Bu da dekontunuz.

500$를 당신의 계좌로 처리했습니다. 당신의 통장 여기 있습니다. 또한 명세서도요.

Turist: Burada yabancı parayı bozdurabilir miyim?

이곳에서 외화를 바꿀 수 있습니까?

Döviz bozdurmak için gereken komisyon nedir?

외화를 바꾸기 위해 필요한 수수료가 얼마지요?

Banka Memuru: Bugünlerde komisyon alınmıyor. Ne kadar bozdurmak istiyorsunuz?

요즘에는 수수료를 받지 않습니다. 얼마나 바꾸기를 원하시나요?

Turist: 100 dolar bozdurmak istiyorum. Doları Türk lirasına çevirmek istiyorum.

100 달러를 바꾸길 원합니다. 달러를 터키 리라로 환전하고 싶습니다.

Banka Memuru: Buyurun. Paranızı alın.

여기요, 당신의 돈을 받으세요.

Turist: Teşekkür ederim. İyi günler.

감사합니다. 좋은 하루 되세요.

문법

1 Gelecek Zaman: -AcAk (-acak, -ecek): 미래시제 어미

a) Olumlu (+): 긍정

(Ben)	*fiil* + -(y)AcAğİm	→	(Ben) *gel*eceğim
(Sen)	*fiil* + -(y)AcAksİn	→	(Sen) *dön*eceksin
(O)	*fiil* + -(y)AcAk	→	(O) *oku*yacak
(Biz)	*fiil* + -(y)AcAğİz	→	(Biz) *öğren*eceğiz
(Siz)	*fiil* + -(y)Acaksİnİz	→	(Siz) *yap*acaksınız
(Onlar)	*fiil* + -(y)AcAklAr	→	(Onlar) *çalış*acaklar

(Ben)	*gel*eceğim	*oku*yacağım	*yap*acağım
(Sen)	*gel*eceksin	*oku*yacaksın	*yap*acaksın
(O)	*gel*ecek	*oku*yacak	*yap*acak
(Biz)	*gel*eceğiz	*oku*yacağız	*yap*acağız
(Siz)	*gel*eceksiniz	*oku*yacaksın	*yap*acaksınız
(Onlar)	*gel*ecekler	*oku*yacaklar	*yap*acaklar

b) Olumsuz (-): 부정

(Ben)	*fiil* + -mAyAcağİm	→	(Ben) *gel*meyeceğim
(Sen)	*fiil* + -mAyAcAksİn	→	(Sen) *dön*meyeceksin
(O)	*fiil* + -mAyAcAk	→	(O) *oku*mayacak

(Biz)	*fiil* + -mA*y*AcAğİz	→	(Biz) *öğren*meyeceğiz
(Siz)	*fiil* + -mA*y*Acaksİnİz	→	(Siz) *yap*mayacaksınız
(Onlar)	*fiil* + -mA*y*AcAklAr	→	(Onlar) *çalış*mayacaklar

(Ben)	*gel*me*y*eceğim	*oku*ma*y*acağım	*yap*ma*y*acağım
(Sen)	*gel*me*y*eceksin	*oku*ma*y*acaksın	*yap*ma*y*acaksın
(O)	*gel*me*y*ecek	*oku*ma*y*acak	*yap*ma*y*acak
(Biz)	*gel*me*y*eceğiz	*oku*ma*y*acağız	*yap*ma*y*acağız
(Siz)	*gel*me*y*eceksiniz	*oku*ma*y*acaksın	*yap*ma*y*acaksınız
(Onlar)	*gel*me*y*ecekler	*oku*ma*y*acaklar	*yap*ma*y*acaklar

c) Olumlu Soru (+?): 긍정의문

(Ben)	*fiil* + -(*y*)AcAk mİyİm?	→	(Ben) *gel*ecek miyim ?
(Sen)	*fiil* + -(*y*)AcAk mİsİn?	→	(Sen) *dön*ecek misin ?
(O)	*fiil* + -(*y*)AcAk mİ?	→	(O) *oku*yacak mı ?
(Biz)	*fiil* + -(*y*)AcAk mİyİz?	→	(Biz) *öğren*ecek miyiz ?
(Siz)	*fiil* + -(*y*)Acak mİsİnİz?	→	(Siz) *yap*acak mısınız ?
(Onlar)	*fiil* + -(*y*)AcAklAr mİ?	→	(Onlar) *çalış*acaklar mı ?

(Ben)	*gel*ecek miyim?	*yap*acak mıyım?
(Sen)	*gel*ecek misin?	*yap*acak mısın?

(O)	gelecek mi?	yapacak mı?
(Biz)	gelecek miyiz?	yapacak mısın?
(Siz)	gelecek misiniz?	yapacak mısınız?
(Onlar)	gelecekler mi?	yapacaklar mı?

d) Olumsuz Soru (-?): 부정의문

(Ben)	*fiil* + -mAyAcAk mİyİm?	→	(Ben) *gel*meyecek miyim ?
(Sen)	*fiil* + -mAyAcAk mİsİn?	→	(Sen) *dön*meyecek misin ?
(O)	*fiil* + -mAyAcAk mİ?	→	(O) *oku*mayacak mı ?
(Biz)	*fiil* + -mAyAcAk mİyİz?	→	(Biz) *öğren*meyecek miyiz ?
(Siz)	*fiil* + -mAyAcak mİsİnİz?	→	(Siz) *yap*mayacak mısınız ?
(Onlar)	*fiil* + -mAyAcAklAr mİ?	→	(Onlar) *çalış*mayacaklar mı ?

듣기

1 Nasıl yardımcı olabilirim?

어떻게 도와드릴까요?

2 Bankanızda hesap açtırmak istiyorum.

귀 은행에서 계좌를 열기를 원합니다.

3 Dolar hesabı açtırmak istiyorum.

달러 계좌 개설을 원합니다.

4 Pasaportunuzu veya kimliğinizi alabilir miyim?

당신의 여권이나 신분증을 받을 수 있을까요?

5 Formu doldurdum, başka bir işlem var mı?

이 용지에 작성했어요. 다른 절차가 있나요?

6 Dört haneli şifrenizi yazın. Şurayı imzalamanız gerekiyor.

비밀번호를 네 자리를 써주세요. 여기에 (당신의) 사인이 필요합니다.

7 Para yatırmak istiyor musunuz?

돈을 예금하기를 원하십니까?

8 Burada yabancı parayı bozdurabilir miyim?

이곳에서 외화를 바꿀 수 있습니까?

9 Döviz bozdurmak için gereken komisyon nedir?

외화를 바꾸기 위해 필요한 수수료가 얼마지요?

10 Ne kadar bozdurmak istiyorsunuz?

얼마나 바꾸기를 원하시나요?

11 100 dolar bozdurmak istiyorum.

100 달러를 바꾸기 원합니다.

12 Doları Türk lirasına çevirmek istiyorum.

달러를 터키 리라로 환전하고 싶습니다.

쓰기

1 귀 은행에서 계좌를 열기를 원합니다. (hesap, istiyorum, açtırmak, bankanızda)

2 달러 계좌 개설을 원합니다. (istiyorum, hesabı, dolar, açtırmak)

3 돈을 예금하기를 원하십니까? (musunuz, para, istiyor, yatırmak)

4 이곳에서 외화를 바꿀 수 있습니까?
(parayı, burada, bozdurabilir, yabancı, miyim)

5 외화를 바꾸기 위해 필요한 수수료가 얼마지요?
(için, döviz, nedir, gereken, bozdurmak, komisyon)

6 달러를 터키 리라로 환전하고 싶습니다.
(istiyorum, doları, Türk, çevirmek, lirasına)

회화 테스트

1 당신의 여권이나 신분증을 받을 수 있을까요?

Pasaportunuzu veya kimliğinizi alabilir miyim?

2 귀 은행에서 계좌를 열기를 원합니다.

Bankanızda hesap açtırmak istiyorum.

3 돈을 예금하기를 원하십니까?

Para yatırmak istiyor musunuz?

4 얼마나 당신 계좌에 입금하기를 원하십니까?

Ne kadar hesabınıza yatırmak istiyorsunuz?

5 내 계좌에서 1,000 터키 리라를 찾고 싶습니다.

Hesabımdan 1,000 Türk lirasını çekmek istiyorum.

6 이 은행에서 외화를 바꿀 수 있습니까?

Bu bankada yabancı parayı bozdurabilir miyim?

응용연습

1

Bankanızda hesap açtırmak istiyorum.
귀 은행에서 계좌를 열기를 원합니다.

1 Bankanızda dolar hesabı açtırmak istiyorum.
귀 은행에서 달러 계좌를 열기를 원합니다.

2 Bankanızda 100 dolar bozdurmak istiyorum.
귀 은행에서 100 달러를 환전하고 싶습니다.

3 Bankanızda 100 doları Türk lirasına çevirmek istiyorum.
귀 은행에서 100 달러를 터키 리라로 환전하고 싶습니다.

2

Pasaportunuzu veya kimliğinizi alabilir miyim?
내가 당신의 여권이나 신분증을 받을 수 있을까요?

1 Kimliğinizi gösterin.
당신의 신분증을 제시하시오.

2 Bu bankada bankamatikten para çekmek istiyorum.
나는 이 은행에서 ATM 기에서 돈을 출금하기를 원합니다.

3 Kore'ye havale yapmak istiyorum.

나는 한국으로 송금을 하고 싶습니다.

4 Ne kadar göndermek istiyorsunuz?

얼마나 보내기를 원하시나요?

3

Dört haneli şifrenizi yazın.

당신의 네 자리 비밀번호를 쓰세요.

1 Şurayı imzalamanız gerekiyor.

여기에 당신이 사인이 필요합니다.

2 Bu aşağıdaki kısma imza atın.

이 아래 부분에 서명을 하세요.

3 Bu aşağıdaki kısma adınızı yazın.

이 아래 부분에 당신의 이름을 쓰세요.

4 Bu aşağıdaki kısma bugünün tarihini yazın.

이 아래 부분에 오늘 날짜를 쓰세요.

4

Ne kadar bozdurmak istiyorsunuz?

얼마나 바꾸기를 원하시나요?

1 Ne kadar hesabınıza yatırmak istiyorsunuz?

얼마나 당신 계좌에 입금하기를 원하십니까?

2 Hesabıma 1,000 dolar yatıracağım.

내 계좌에 1,000 달러를 입금하겠습니다.

3 Hesabımdan 1,000 Türk lirasını çekmek istiyorum.

내 계좌에서 1,000 터키 리라를 찾고 싶습니다.

연습문제

En uygun cevabı seçiniz.

문제 1

Aşağıdaki cümlelerde boşlukları gelecek zaman ekiyle doldurunuz.

Sen bol bol dinlen____ .

① in ② eceğim ③ eceksin ④ eceksiniz

문제 2

Aşağıdaki cümlelerde boşlukları gelecek zaman ekiyle doldurunuz.

O, bugün sizinle sinemaya git____ .

① mez ② meyeceğim ③ mem ④ meyecek

문제 3

Aşağıdaki cümleleri okuduktan sonra cevap veriniz.

Turist: Bankanızda hesap açtırmak istiyorum.

Banka Memuru: Tabii, Beyefendi! Döviz hesabı mı, Türk Lirası hesabı mı?

Turist: Dolar hesabı açtırmak istiyorum.

Banka Memuru: Elbette!.. Pasaportunuzu veya kimliğinizi alabilir miyim?

3 Turist bankada ne yapmak isityor?

① Dolar bozduracak ② Dolar yatıracak

③ Dolar hesabı açtıracak ④ Hesabından dolar çekecek

문제 4-5

Aşağıdaki cümleleri okuduktan sonra cevap veriniz.

Banka Memuru: Para yatırmak istiyor musunuz?

Turist: Evet, 500$ yatıracağım. Buyurun!

Banka Memuru: 500$'ı hesabınıza işledim. Buyurun, hesap defteriniz! Bu da dekontunuz.

Turist: Burada yabancı parayı bozdurabilir miyim? Döviz bozdurmak için gereken komisyon nedir?

Banka Memuru: Bugünlerde komisyon alınmıyor.
Ne kadar bozdurmak istiyorsunuz?

Turist: 100 dolar bozdurmak istiyorum.
Doları Türk lirasına çevirmek istiyorum.

4 Turist bankada ne yapıyor? Yanlış olanı seçiniz.

① Dolar çekecek ② Dolar yatıracak

③ Döviz bozduracak ④ Dolarbozduracak

5 Bu bankada yapılan işler ne? Yanlış olanı seçiniz.

① Dolar bozdurmak ② Komisyon almak

③ Döviz bozdurmak ④ Para yatırmak

제13과

Hastanede Muayene

병원 검진

학습 목표

- 병원에서 검진을 받는 대화 방식과 관련된 표현을 학습해본다.

어휘

ağız	입
ağrımak	아프다, 고통스럽다
ateş	열
baş	머리
banyo	목욕
bırakmak	놓다, 두다, 남기다
boğaz	목, 목구멍
bulanmak	흐려지다, 불편해지다
çıkarmak	꺼내다, 없애다, 제거하다
ciddi	심각한
derin	깊은, 심오한
dil	언어, 혀
emin	확실한, 안전한, 믿는
galiba	아마도, 어쩌면
göğüs	가슴, 흉부
idrar	소변, 오줌
kan	피, 혈액
mide	위

nefes	호흡, 숨
öksürmek	기침하다
ölçmek	측량하다, 측정하다, 재다
röntgen	방사선, 뢴트겐 선
sanmak	생각하다
sırt	등
sonuç	결과
şikayet	불평, 불만, 호소, 불편함
tahlil	분석
taraf	쪽, 방면, 구역, 방향

대화문

Doktor: Şikayetiniz nedir?

아픈 데가 어딥니까?

Hasta: İki gündür öksürüyorum. Başım, boğazım, her tarafım ağrıyor, Doktor Bey.

이틀 동안 기침하고 있어요. 머리, 목, 모든 곳이 아픕니다, 의사 선생님.

Doktor: Ateşiniz var mı? Başka bulgunuz var mı? Başınız dönüyor mu?

열이 있어요? 다른 증상이 있어요? 머리가 어지러워요?

Hasta: Evet, ateşim de var. Midem de bulanıyor. Biraz başım dönüyor.

네, 열이 있고 (나의) 위도 메스꺼워요. 약간 머리가 어지러워요.

Bugünlerde kilo da verdim.

최근에 몸무게도 빠졌어요.

İshal ve kusma da var. Umarım, mide kanseri değildir?

설사와 구토도 있습니다. 바라건대, 위암이 아니겠지요?

Doktor: Korkmayın. Önce ateşinizi ölçeyim. ateşiniz 39 derece.

무서워하지 마세요. 먼저 당신의 열을(ateşinizi) 재 봅시다. 열이 39도입니다.

Ağzınızı açın ve dilinizi çıkarın. Tamam.

당신의 입을 벌리고 혀를 내밀어 보세요. 됐어요.

Hasta: Neyim var, Doktor Bey?

제 문제가 뭔가요, 선생님?

Doktor: Emin değilim. Göğsünüzü ve sırtınızı da dinlemem lazım…

확실하지 않군요. 가슴과 등을 볼 필요가 있어요...

Derin nefes alın. Nefesinizi tutun. Tekrar derin nefes alın. Bırakın.

깊이 숨을 들어 마시세요. 숨을 멈추세요. 다시 깊이 숨을 마시세요. 내쉬세요.

Hasta: Ciddi bir şeyim yoktur, inşallah.

심각하지는 않아요.

Doktor: Sanırım, üşütmüşsünüz. Bademciklerinize bakacağım.

제 생각으로는 감기에 걸린 것 같습니다. 당신의 편도선을 보겠습니다.

Hasta: Öyle mi? Geçen hafta banyodan hemen sonra dışarı çıkmıştım.

그래요? 지난주 목욕 직후 밖으로 나왔어요.

Galiba, o zaman üşüttüm.

아마, 그때 감기에 걸렸을 겁니다.

Doktor: Emin olmak için, kan ve idrar tahlili yaptırmanız gerekiyor.

의사: 확실한 건, (당신은) 피와 소변 검사를 해야 합니다.

Bir de göğüs röntgeninizi isteyeceğim. Bademciklerinizde iltihap var.

또한 가슴을 뢴트겐 촬영하는 것을 요청합니다. 편도선에 염증이 있어요.

Hasta: Peki, Doktor Bey.

환자: 좋습니다, 의사 선생님.

Doktor: Tahlil sonuçlarınızı ve röntgen filminizi bana getirin, size ilaç yazayım.

의사: 검사 결과와 뢴트겐 필름을 제게 가져 오세요, 당신에게 약을 처방해 드릴게요.

Hasta: Oldu, Doktor Bey.

환자: 알겠습니다, 선생님.

Doktor: Geçmiş olsun!

의사: 쾌유를 빕니다!

Hasta: Teşekkürler! Görüşmek üzere!

환자: 감사합니다! 또 봅시다!

Doktor: Tekrar geçmiş olsun! İyi günler!

의사: 다시 쾌유를 빌겠어요! 잘 지내세요!

Hasta: İyi günler!

환자: 잘 지내세요!

문법

1 İşaret Sıfatları ve Zamirleri: 지시형용사와 대명사

1) İşaret Sıfatları: 지시형용사

Bu → Bu çocuk Korelidir.

Şu → Şu araba çok güzel.

O → O adam doktordur.

→ Bu öğrenciler Almandırlar.

→ Şu kitaplar Türkçe'dir

→ O pastalar meyvelidir.

2) İşaret Zamirleri: 지시대명사

• Tekil(단수)

Bu	→	Bu (çocuk) Korelidir.
Şu	→	Şu (araba) çok güzel.
O	→	O (adam) doktordur.

• Çoğul(복수)

Bunlar	→	Bunlar (Bu öğrenciler) Almandırlar.	저들은 독일인이다.
Şunlar	→	Şunlar (Şu kitaplar) Türkçe kitabı'dir.	저것들은 터키어 책이다.
Onlar	→	Onlar (O pastalar) meyvelidir.	그것들은 과일(케이크)이다.

a) 지시대명사의 목적격

Tekil	Çoğul
Bunu	Bunları
Şunu	Şunları
Onu	Onları

b) 지시대명사의 여격

Tekil	Çoğul
Buna	Bunlara
Şuna	Şunlara
Ona	Onlara

c) 지시대명사의 처격

Tekil	Çoğul
Bunda	Bunlarda
Şunda	Şunlarda
Onda	Onlarda

d) 지시대명사의 탈격

Tekil	Çoğul
Bundan	Bunlardan
Şundan	Şunlardan
Ondan	Onlardan

2 Yer-Yön Bildiren İşaret Zamirleri: 장소와 방향을 나타내는 지시대명사

Tekil	Çoğul
Bura(sı)	Buralar
Şura(sı)	Şuralar
Ora(sı)	Oralar

a) Yer-Yön Zarflarında Belirtme Durumu

Tekil	Çoğul
Burayı	Buraları
Şurayı	Şuraları
Orayı	Oraları

b) Yer-Yön Zarflarında Yönelme Durumu

Tekil	Çoğul
Buraya	Buralara
Şuraya	Şuralara
Oraya	Oralara

c) Yer-Yön Zarflarında Bulunma Durumu

Tekil	Çoğul
Burada	Buralarda
Şurada	Şuralarda
Orada	Oralarda

d) Yer-Yön Zarflarında Ayrılma Durumu

Tekil	Çoğul
Buradan	Buralardan
Şuradan	Şuralardan
Oradan	Oralardan

듣기

1 İki gündür öksürüyorum.

이틀 동안 기침하고 있어요.

2 Başım, boğazım, her tarafım ağrıyor, Doktor Bey.

머리, 목, 모든 곳이 아픕니다, 의사 선생님.

3 Midem de bulanıyor. Biraz başım dönüyor.

(나의) 위도 메스꺼워요. 약간 머리가 어지러워요.

4 Bugünlerde kilo da verdim.

최근에 몸무게도 빠졌어요.

5 İshal ve kusma da var. Umarım, mide kanseri değildir?

설사와 구토도 있습니다. 바라건대, 위암은 아니겠지요?

6 Ağzınızı açın ve dilinizi çıkarın.

당신의 입을 벌리고 혀를 내미세요.

7 Göğsünüzü ve sırtınızı da dinlemem lazım.

가슴과 등을 볼 필요가 있어요.

8 Geçen hafta banyodan hemen sonra dışarı çıkmıştım.

지난주 목욕 직후 밖으로 나왔어요.

9 Emin olmak için, kan ve idrar tahlili yaptırmanız gerekiyor.

확실한 건, (당신은) 피와 소변 검사를 해야 합니다.

10 Bir de göğüs röntgeninizi isteyeceğim.

또한 가슴을 뢴트겐 촬영하는 것을 요청합니다.

11 Bademciklerinizde iltihap var.

당신의 편도선에 염증이 있어요.

12 Tahlil sonuçlarınızı ve röntgen filminizi bana getirin.

(당신의) 검사 결과와 뢴트겐 필름을 제게 가져 오세요.

쓰기

1 내 친구가 이틀 동안 멈추지 않고 기침하고 있어요.
(öksürüyor, iki gündür arkadaşım, durmadan)

2 머리, 목, 모든 곳이 아픕니다. (ağrıyor, başım, her tarafım, boğazım)

3 당신의 입을 벌리세요 그리고 혀를 내미세요. (çıkarın, açın, ve, ağzınızı, dilinizi)

4 당신의 가슴과 등을 들어볼 필요가 있어요.
(da, dinlemem, göğsünüzü, ve, lazım, sırtınızı)

5 지난주 목욕 직후 밖으로 나왔어요.
(hemen, dışarı, geçen, banyodan, sonra çıkmıştım, hafta)

6 (당신은) 피와 소변 검사를 해야 합니다.
(tahlili, gerekiyor, kan, ve, yaptırmanız, idrar)

7 또한 가슴을 뢴트겐 촬영하는 것을 요청합니다.
(isteyeceğim, göğüs, bir de röntgeninizi)

회화 테스트

1 (나의) 위도 메스꺼워요. 약간 머리가 어지러워요.

Midem de bulanıyor. Biraz başım dönüyor.

2 최근에 나는 몸무게를 뺐어요.

Bugünlerde kilo da verdim.

3 설사와 구토도 있습니다. 바라건대, 위암이 아니겠지요?

İshal ve kusma da var. Umarım, mide kanseri değildir?

4 당신의 입을 벌리고 혀를 내미세요.

Ağzınızı açın ve dilinizi çıkarın.

5 가슴과 등을 들어볼 필요가 있어요.

Göğsünüzü ve sırtınızı da dinlemem lazım.

6 (당신은) 피와 소변 검사를 해야 합니다.

Kan ve idrar tahlili yaptırmanız gerekiyor.

7 (당신의) 검사 결과와 뢴트겐 필름을 가져 오세요.

Tahlil sonuçlarınızı ve röntgen filminizi getirin.

응용연습

1

İki gündür öksürüyorum.
이틀 동안 기침하고 있어요.

1. Arkadaşım iki gündür durmadan öksürüyor.
내 친구가 이틀 동안 멈추지 않고 기침하고 있어요.

2. kızım üç gündür ishal yapıyor.
내 딸이 3일 동안 설사를 합니다.

3. Üç gündür mide bulantısı devam ediyor.
3일 동안 위 구토증이 지속됩니다.

2

Bugünlerde kilo da verdim.
최근에 몸무게도 빠졌어요.

1. İki hafta boyunca 5 kilo verdim.
2주 동안 5kg을 뺐어요.

2 Sen bugünlerde hiç kilo almadın.

너는 요즘 전혀 몸무게가 늘지 않았다.

3 Kilo almamak için yemeğe dikkat edin.

몸무게가 늘지 않기 위해서 먹는 것에 신경을 써야 한다.

3

Banyodan hemen sonra dışarı çıkmıştım.

목욕 직후 밖으로 나왔어요.

1 Geçen hafta banyodan hemen sonra dışarı çıkmıştım.

지난주 목욕 직후 밖으로 나왔어요.

2 Dün banyodan hemen sonra elbisemi giydim.

어제 목욕 직후 나는 옷을 입었다.

3 Dün banyodan hemen sonra ateşim yükseldi.

어제 목욕 직후 열이 올랐다.

4

Kan ve idrar tahlili yaptırmanız gerekiyor.

(당신은) 피와 소변 검사를 해야 합니다.

1. Tansiyonu ölçmeniz gerekiyor.
   혈압을 측정해야 합니다.

2. Yarın göz içi basıncı ölçmeniz gerekiyor.
   내일 당신은 안압을 측정해야 합니다.

3. Akciğer röntgenini çekmeniz gerekiyor.
   폐 뢴트겐을 찍어야 합니다.

4. Kalp röntgenini hemen çekmeniz gerekiyor.
   심장 뢴트겐을 즉시 찍어야 합니다.

연습문제

En uygun cevabı seçiniz.

문제 1

Sen öğretmen misin?

① Evet, sen öğretmen değilsin. ② Evet, sen öğretmensin.

③ Evet, ben öğretmenim. ④ Hayır, ben öğretmenim.

문제 2

Burası neresi?

① mez ② meokulim ③ mem ④ meyecek

문제 3

Türkiye'ye ne zaman gittiniz?

① Türkiye'ye çok gittim.

② Gelecek yıl Türkiye'ye gideceğim.

③ Geçen yıl Türkiye'ye gideceğim.

④ Türkiye'ye 2 yıl önce gittim.

문제 4

Bu ev senin mi?

① Evet, bu ev benim. ② Hayır, bu ev benim.

③ Evet, bu ev benim değil. ④ Hayır, bu ev değil.

문제 5

Aşağıdaki cümleleri okuduktan sonra cevap veriniz.

Hasta: İki gündür öksürüyorum. Başım, boğazım, her tarafım ağrıyor.

Doktor: Ateşiniz var mı? Başka bulgunuz var mı? Başınız dönüyor mu?

Hasta: Evet, ateşim de var. Midem de bulanıyor. Biraz başım dönüyor.
İshal ve kusma da var. Umarım, mide kanseri değildir. Artık Hava soğuyacak.

5 Hasta neden doktora geldi? Yanlış olanı seçiniz.

① Ateşi var. ② Midesi bulanıyor.

③ Öksürme var. ④ Hava soğuk.

제14과

Otel İçin Rervasyon

호텔 예약하기

학습 목표

• 호텔 예약을 하는 대화 방식과 관련된 표현을 학습해본다.

어휘

akşam	저녁
buzdolabı	냉장고
dahil	포함된
eş	짝, 파트너
gazete	신문
hafta	주
hariç	제외된
fiyat	가격
görüşmek	만나다, 이야기하다
indirim	할인
kaç	몇
kişilik	인격, 품성, (형) ~인용의
klima	에어컨
memur	공무원, 사무원
oda	방
öğle	정오
reklam	선전

rezervasyon	예약
sevinmek	좋아하다, 기뻐하다
sıcak	따뜻한, 더운
su	물
tarih	날짜, 역사
televizyon	텔레비전
Temmuz	7월
yaptırmak	~하게 만들다, 시키다

대화문

Resepsiyonist: Güneş Oteli, buyurun!
귀네쉬 호텔입니다. 말씀하세요!

Volkan Bey: İyi günler. Ben rezervasyon yaptırmak istiyorum.
안녕하세요. 저는 예약하고 싶습니다.

Resepsiyonist: İyi günler, Beyefendi. Kiminle görüşüyorum?
안녕하세요, 손님. 성함이 무엇입니까?

Volkan Bey: Adım Volkan ÖZKAN.
제 이름은 볼칸 외즈칸입니다.

Resepsiyonist: Bu otele hangi tarihte geleceksiniz, Volkan Bey?
이 호텔에 어느 날짜에 오실 것입니까, 볼칸 씨?

Volkan Bey: Temmuzda.
7월 1일입니다.

Resepsiyonist: Kaç gün kalacaksınız?
며칠 동안 머무르실 것입니까?

Volkan Bey: 1 hafta kalacağız.
일주일간 머물 것입니다.

Resepsiyonist: Kaç kişilik oda istiyorsunuz?
몇 인실 방을 원하십니까?

Volkan Bey: İki kişilik. Eşim ve ben.

2인실입니다. 제 아내와 저입니다.

Resepsiyonist: Anladım efendim. Rezervasyonunuzu yapayım mı?

알겠습니다. 예약 해 드릴까요?

Volkan Bey: Affedersiniz Odalarda klima var mı?

죄송하지만 방에 에어컨이 있습니까?

Resepsiyonist: Evet, Volkan Bey. 24 saat sıcak su, televizyon ve buzdolabı var.

네, 볼칸 씨. 24시간 온수가 나오고, 텔레비전과 냉장고가 있습니다.

Volkan Bey: Reklamınızı gazetede okudum. 7 gün-6 gece için, iki kişilik odaların fiyatı 490 lira. Bu doğru mu? Kahvaltı bu fiyata dahil mi?

신문에서 광고를 봤습니다. 6박 7일, 2인실 방에 490리라입니다. 이것이 맞나요? 또한 조식이 포함된 가격이 맞나요?

Resepsiyonist: Evet, efendim. Kahvaltı fiyata dahil. Ancak, öğle ve akşam yemekleri hariç.

네, 그렇습니다. 조식이 가격에 포함되어 있습니다. 다만, 중식과 석식은 제외입니다.

Aslında bir gecelik oda fiyatı ise 100 liradır. Bugünlerde % 30 indirim yapıyoruz.

원래 1박에 방 가격은 100 리라입니다. 요즘 30% 할인하고 있습니다.

	Ayrıca, memurlar için daha %10 indirim yapıyoruz. 게다가 공무원(사무원)은 10% 더 할인된 가격에 이용 가능합니다.
Volkan Bey:	Aa! Öyle mi? Ben memurum. Buna çok sevindim. 아! 정말입니까? 저는 공무원입니다. 이것에 대해 만족합니다.
	Şimdi rezervasyonumu yapabilirsiniz. 지금 예약을 해도 됩니다.
Resepsiyonist:	Rezervasyonunuzu yaptım, Volkan Bey. Otelimizden memnun kalacaksınız. 예약했습니다, 볼칸 씨. 저희 호텔에서 만족하실 겁니다.
Volkan Bey:	Umarım. İyi günler! 기대됩니다. 좋은 하루 되세요!
Resepsiyonist:	Teşekkürler, efendim. Size de iyi günler! 감사합니다. 손님께서도 좋은 하루 되세요!

문법

1 Gereklilik Kipi(필수법 형태): -mAlİ (-malı, -meli)

a) Olumlu (+): 긍정형

(Ben)	fiil + -mAlİyİm	→	(Ben) gel-meli-y-im
(Sen)	fiil + -mAlİsİn	→	(Sen) dön-meli-sin
(O)	fiil + -mAlİ	→	(O) otur-malı
(Biz)	fiil + -mAlİyİz	→	(Biz) öğren-meli-yiz
(Siz)	fiil + -mAlİsİnİz	→	(Siz) yap-malı-sınız
(Onlar)	fiil + -mAlİlAr	→	(Onlar) çalış-malı-lar

b) Olumsuz (-): 부정형

(Ben)	fiil + -mAmAlİyİm	→	(Ben) gel-me-meli-y-im
(Sen)	fiil + -mAmAlİsİn	→	(Sen) dön-me-meli-sin
(O)	fiil + -mAmAlİ	→	(O) outr-ma-malı
(Biz)	fiil + -mAmAlİyİz	→	(Biz) öğren-me-meli-y-iz
(Siz)	fiil + -mAmAlİsİnİz	→	(Siz) yap-ma-malı-sınız
(Onlar)	fiil + -mAmAlİlAr	→	(Onlar) çalış-ma-malı-lar

• 긍정형 변화

(Ben)	gel-meli-y-im	yap-malı-yım
(Sen)	gel-meli-sin	yap-malı-sın
(O)	gel-meli	yap-malı

(Biz)	gel-meli-y-iz	yap-malı-yız
(Siz)	gel-meli-siniz	yap-malı-sınız
(Onlar)	gel-meli-ler	yap-malı-lar

• 부정형 변화

(Ben)	gel-me-meli-y-im	yap-ma-malı-yım
(Sen)	gel-me-meli-sin	yap-ma-malı-sın
(O)	gel-me-meli	yap-ma-malı
(Biz)	gel-me-meli-y-iz	yap-malı-
(Siz)	gel-me-meli-siniz	yap-malı-sın
(Onlar)	gel-me-meli-ler	yap-malı-sın

2 명사 수식법 + n(개입자음) + 격어미(-İ, -a, -da, -dan)

telefon numarası + n + ı → telefon numarasını

alışveriş listesi + n + i → alışveriş listesini

öğretmenin kitabı + n + a → öğretmenin kitabına

İstanbul otobüsü + n + e → İstanbul otobüsüne

öğretmenler odası + n + da → öğretmenler odasında

not defteri + n + de → not defterinde

bilgisayar ekranı + n + dan → bilgisayar ekranından

indirim günleri + n + den → indirim günlerinden

듣기

1. Ben rezervasyon yaptırmak istiyorum.
저는 예약하고 싶습니다.

2. Bu otele hangi tarihte geleceksiniz, Volkan Bey?
이 호텔에 어느 날짜에 오실 건가요, 볼칸 씨?

3. Kaç kişilik oda istiyorsunuz?
몇 인실 방을 원하십니까?

4. 24 saat sıcak su, televizyon ve buzdolabı var.
24시간 온수가 나오고, 텔레비전과 냉장고가 있습니다.

5. Kahvaltı bu fiyata dahil mi?
조식이 포함된 가격입니까?

6. Kahvaltı fiyata dahil. Ancak, öğle ve akşam yemekleri hariç.
조식이 포함된 가격입니다. 다만, 중식과 석식은 제외입니다.

7. 7 gün-6 gece için, iki kişilik odaların fiyatı 490 lira. Bu doğru mu?
6박 7일, 2인실 방에 490리라입니다. 이것이 맞습니까?

8. Aslında bir gecelik oda fiyatı ise 100 liradır.
원래 1박에 방 가격은 100 리라입니다.(원래 방 가격은 1박에 100리라입니다.)

9. Bugünlerde % 30 indirim yapıyoruz.
요즘 30% 할인하고 있습니다.

쓰기

1. 저는 예약하고 싶습니다. (yaptırmak, ben, istiyorum, rezervasyon)

2. 이 호텔에 어느 날짜에 오실 것입니까?
(bu, geleceksiniz, tarihte, otele, hangi)

3. 24시간 온수가 나오고, 텔레비전과 냉장고가 있습니다.
(24 saat, var, televizyon, ve buzdolabı, sıcak su)

4. 조식이 포함된 가격입니까? (mi, kahvaltı, bu, dahil, fiyata)

5. 6박 7일, 2인실 방 가격이 490리라입니다.
(odaların, 7 gün-6 gece, iki kişilik, 490 lira, fiyatı, için)

6. 원래 방 가격은 1박에 100 리라입니다.
(oda fiyatı, bir gecelik, aslında, ise, 100 liradır)

7. 요즘에 30% 할인하고 있습니다. (indirim, bugünlerde, yapıyoruz, % 30)

회화 테스트

1. 이 호텔에 어느 날짜에 오실 것입니까?
   Bu otele hangi tarihte geleceksiniz?

2. 24시간 온수가 나오고, 텔레비전과 냉장고가 있습니다.
   24 saat sıcak su, televizyon ve buzdolabı var.

3. 조식이 포함된 가격입니까?
   Kahvaltı bu fiyata dahil mi?

4. 6박 7일, 2인실 방에 490리라입니다.
   7 gün-6 gece için, iki kişilik odaların fiyatı 490 lira.

5. 요즘은 30% 할인하고 있습니다.
   Bugünlerde % 30 indirim yapıyoruz.

응용연습

1

Ben rezervasyon yaptırmak istiyorum.
저는 예약하고 싶습니다.

1. Aile tatili için rezervasyon yaptırmak istiyorum.
가족 휴가를 위해 예약하고 싶습니다.

2. Kiş tatili için rezervasyon yaptırmak istiyorum.
겨울 휴가를 위해 예약하고 싶습니다.

3. Toplantı için bir salonu rezervasyon yaptırmak istiyorum.
회의를 위해 회의실을 예약하고 싶습니다.

2

Bu otele hangi tarihte geleceksiniz?
이 호텔에 어느 날짜에 오실 것입니까?

1. Bu otele ne zaman geleceksiniz?
이 호텔에 언제 오시겠습니까?

2 Bu otele hafta sonunda gelecek misiniz?

이 호텔에 주말에 오시겠습니까?

3 Bu otele 1 Haziran'da gelecek misiniz?

이 호텔에 6월 1일에 오시겠습니까?

3

Kahvaltı bu fiyata dahil mi?

조식도 포함된 가격입니까?

1 Kahvaltı ve akşam yemeği bu fiyata dahil mi?

조식과 석식이 포함된 가격입니까?

2 Kahvaltı ve sauna kullanmak da bu fiyata dahil mi?

조식과 사우나 사용이 포함된 가격입니까?

3 Kahvaltı ve havuz kullanmak da bu fiyata dahil mi?

조식과 수영장 사용이 포함된 가격입니까?

4

Bugünlerde % 30 indirim yapıyoruz.

요즘 30% 할인하고 있습니다.

1 Satıcılar yılbaşında % 30 indirim yapıyorlar.

상인들이 연초에 30% 할인하고 있습니다.

2 Süpermarkette yılsonunda % 20 indirim yapıyorlar.

슈퍼마켓에서 연말에 20% 할인합니다.

3 Araba şirketleri hiç indirim yapmadan arabaları satıyorlar.

자동차 회사들이 전혀 할인하지 않고 자동차를 판매합니다.

연습문제

En uygun cevabı seçiniz.

문제 1

A: Bu otele hangi tarihte geleceksiniz?

B: ________________________

① Bu otele geç geleceğim.

② Bu otele erken geleceğim.

③ Bu otele 1 Mart'ta geleceğim.

④ Bu otele Mart 1'de geleceğim.

문제 2

A: Kahvaltı bu fiyata dahil mi?

B: ________________________

① Kahvaltı fiyatı 30 lira.

② Hayır, Kahvaltı bu fiyata dahil.

③ Kahvaltı fiyatı çok ucuz.

④ Evet, kahvaltı bu fiyata dahil.

문제 3

A: Senin evin var mı?

B: ______________________

① Hayır, senin evin yok.

② Evet, benim evim var.

③ Hayır, benim evim var.

④ Evet, senin evin var.

문제 4

A: Mutfakta kimler var?

B: ______________________

① Mutfakta akrabalar var.

② Mutfakta dolaplar var.

③ Hayır, mutfakı sevmiyorlar.

④ Mutfakta kediler var.

문제 5

Aşagıdaki cümleleri okuduktan sonra cevap veriniz.

Volkan Bey: Reklamınızı gazetede okudum. 7 gün-6 gece için, iki kişilik odaların fiyatı 490 lira. Bu doğru mu?

Resepsiyonist: Doğru, efendim. Aslında bir gecelik oda fiyatı ise 100 liradır. Bugünlerde % 30 indirim yapıyoruz. Ayrıca, memurlar için daha %10 indirim yapıyoruz.

Volkan Bey: Aa! Öyle mi? Ben memurum. Buna çok sevindim.

5 Volkan Bey neden sevindi?

① Çünkü otelde % 30 indirim yapıyorlar.

② Çünkü iki kişilik odaların fiyatı 490 lira.

③ Çünkü Volkan Bey memurdur.

④ Çünkü Volkan Bey tatilde otele gidiyor.

제15과

Zaman ve Mevsimler

시간과 계절

학습 목표

- 시간과 계절을 표현하는 방식과 이와 관련된 표현을 학습해본다.

어휘

açmak	열다, 켜다, 꽃 피다
ağaç	꽃
ağustos	8월
aralık	12월
ay	달, 월
bahar	봄
buçuk	반, 1/2
civar	부근, 인근
çeyrek	1/4
değerlenmek	평가하다, 값을 매기다
deniz	바다
dönmek	돌다, 회전하다
ekim	10월
eylül	9월
girmek	들어가다
genellikle	일반적으로
hafta	주
haziran	6월

ısınmak	따뜻해지다
ilkbahar	봄
işyeri	일터, 직장
izin	휴가
kasım	11월
kış	겨울
mart	3월
mayıs	5월
mesai	작업, 노동
mevsim	계절
nisan	4월
oğul	아들
ocak	1월
sabah	아침
sene	연도, 해
sıkılmak	지루하다, 짜증나다
sonbahar	가을
şubat	2월
tatil	방학, 휴가
temmuz	7월

yatmak	자다, 눕다
yaşamak	생활하다, 살다, 신나다
yaz	여름
yüzmek	수영하다

대화문

Zaman(시간)

Serap: Sabahları kaçta kalkıyorsun?
아침에 너는 몇 시에 일어나니?

Ahmet: Hafta içi her gün saat yedide kalkıyorum.
주중에 매일 7시에 일어나.

Hafta sonu saat ona kadar uyurum.
주말에는 10시까지 잠을 자(uyu-r-um).

Serap: Kahvaltı ne zaman yapıyorsun?
아침 식사를 언제 하니?

Ahmet: Evet, saat yedi buçuk civarında kahvaltı yapıyorum.
응, 7시 반쯤 아침 식사를 해.

Serap: İşe kaçta gidiyorsun?
직장에 몇 시에 가니?

Ahmet: Saat sekizde evden çıkıyorum.

8시에 집에서 출발해.

Sekizi çeyrek geçe otobüse biniyorum, sekiz buçukta işyerime varıyorum.

8시 15분에 버스를 타고, 8시 반에 직장에 도착해.

Serap: Öğle tatiliniz saat kaçta başlıyor?

점심 휴식은 몇 시에 시작해?

Ahmet: Öğlen saat on ikiden on üçe kadar tatil.

정오 12시부터 13시까지 휴식이지.

Serap: Mesai saat kaçta bitiyor?

근무 시간이 몇 시에 끝나니?

Ahmet: Beş buçukta.

5시 반에.

Serap: Eve saat kaçta geliyorsun?

집에 몇 시에 오니?

Ahmet: Genellikle saat altı buçuk civarında eve dönüyorum.

일반적으로 6시 반쯤 집에 돌아와.

Serap: Peki, kaçta yatıyorsun?

좋아, 몇 시에 잠자리에 드니?

Ahmet: On bir civarında.

11시쯤에.

Mevsimler(계절)

Çocuk: Anne hava ne zaman ısınacak? Evde çok sıkılıyorum.

엄마, 날씨가 언제 따뜻해져요? 집에서 매우 지루해요.

Anne: Oğlum, bugün 15 Aralık, yani kış mevsimindeyiz.

얘야(내 아들아), 오늘은 12월 15일, 즉 겨울이야.

Aralık, ocak ve şubat ayları kış mevsimidir.

12월, 1월, 2월은 겨울이지.

Şimdi havalar soğuk olur. İki ay sonra bahar gelecek.

지금은 날씨가 추워. 두 달 뒤에 봄이 올 거야.

Çocuk: Peki, ağaçlar ne zaman çiçek açacak?

좋아요, 나무에서는 언제 꽃이 피지요?

Anne: Ağaçlar ilkbahar mevsiminde, yani mart, nisan ve mayıs aylarında çiçek açar.

꽃들은 봄에, 즉 3, 4, 5월에 꽃들이 필거야.

Çocuk: Sonra da yaz mı gelir, anne?

나중에 여름이 와요, 엄마?

Anne: Evet, haziran, temmuz ve ağustos ayları yaz aylarıdır.

응, 6, 7, 8월이 여름에 해당하는 달이야.

Hava çok sıcak olur.
날씨가 매우 더워지지.

Çocuk: Peki, biz ne zaman tatile çıkacağız?
좋아요, 우리는 언제 휴가를 떠나죠?

Anne: Herkes genellikle yazın tatile çıkar.
모두가 일반적으로 여름에 휴가를 떠난단다.

Gelecek sene, biz de temmuz ayında tatile çıkacağız.
내년에, 우리도 7월에 휴가를 떠날 예정이야.

Çünkü, baban temmuz ayında izin alacak.
왜냐하면, 아빠가 7월에 휴가를 받을 거야.

Çocuk: Yaşasın! Temmuz'da denize gireceğim, bol bol yüzeceğim.
신난다! 7월에는 바다에 들어가야지, 많이 많이 수영해야지.

Anne: Yaz tatilini iyi değerlendirelim. Çünkü yaz üç ay sürer.
여름 방학을 잘 활용하자. 왜냐하면, 여름이 3개월 동안 지속돼.

Daha sonra, eylül, ekim ve kasım ayları gelir. Yani...
그 뒤에는 9, 10, 11월 달이 와. 즉....

Çocuk: Yani sonbahar mı gelir, anne?
즉, 가을이 와요, 엄마?

Anne: Evet, oğlum. Yazdan sonra sonbahar gelir.
그래, 얘야. 여름 다음에 가을이 와.

문법

1 Belirsiz Geçmiş Zaman: -mİş (-mış, -miş, -muş, -müş) 불가시적 과거 시제의 어미

a) Olumlu (+): 긍정

(Ben)	fiil + -mİşİm	→	(Ben) gelmişim
(Sen)	fiil + -mİşsİn	→	(Sen) dönmüşsün
(O)	fiil + -mİş	→	(O) oturmuş
(Biz)	fiil + -mİşİz	→	(Biz) öğrenmişiz
(Siz)	fiil + -mİşsİnİz	→	(Siz) yapmışsınız
(Onlar)	fiil + -mİşlAr	→	(Onlar) çalışmışlar

b) Olumsuz (-): 부정

(Ben)	fiil + -mAmİşİm	→	(Ben) gelmemişim
(Sen)	fiil + -mAmİşsİn	→	(Sen) dönmemişsin
(O)	fiil + -mAmİş	→	(O) oturmamış
(Biz)	fiil + -mAmİşİz	→	(Biz) öğrenmemişiz
(Siz)	fiil + -mAmİşsİnİz	→	(Siz) yapmamışsınız
(Onlar)	fiil + -mAmİşlAr	→	(Onlar) çalışmamışlar

2 Sıra Sayı Sıfatları: 서수

1.	birinci	첫 번째	비린지
2.	ikinci	두 번째	이킨지
3.	üçüncü	세 번째	위췬쥐
4.	dördüncü	네 번째	되르뒨쥐
5.	beşinci	다섯 번째	베쉰지
6.	altıncı	여섯 번째	알튼즈
7.	yedinci	일곱 번째	예딘지
8.	sekizinci	여덟 번째	세키신시
9.	dokuzuncu	아홉 번째	도쿠준주
10.	onuncu	열 번째	오눈주
11.	on birinci		
12.	on ikinci		
....			
19.	on dokuzuncu		
20.	yirminci		
....			
28.	yirmi sekizinci		
30.	otuzuncu		
40.	kırkıncı		
50.	ellinci		

60.	altmışıncı
70.	yetmişinci
80.	sekseninci
90.	doksanıncı
100.	yüzüncü
205.	iki yüz beşinci
502.	beş yüz ikinci
807.	sekiz yüz yedinci
1020.	bin yirminci
1030.	bin otuzuncu
1993.	bin dokuz yüz doksan üçüncü
2003.	iki bin üçüncü

듣기

1 Hafta içi her gün saat yedide kalkıyorum.

주중에 매일 7시에 일어나.

2 Hafta sonu saat ona kadar uyurum.

주말에는 10시까지 (나는) 잠을 자.

3 Kahvaltı ne zaman yapıyorsun?

아침 식사를 언제 하니?

4 Saat yedi buçuk civarında kahvaltı yapıyorum.

7시 반쯤 나는 아침 식사를 해.

5 Sekizi çeyrek geçe otobüse biniyorum.

나는 8시 15분에 버스를 타.

6 Öğle tatiliniz saat kaçta başlıyor?

점심 휴식은 몇 시에 시작해?

7 Öğlen saat on ikiden on üçe kadar tatil.

정오 12시부터 13시까지 휴식이지.

8 Genellikle saat altı buçuk civarında eve dönüyorum.

일반적으로 (나는) 6시 반쯤 집에 돌아와.

9 Anne hava ne zaman ısınacak?

엄마, 날씨가 언제 따뜻해져요?

10 Şimdi havalar soğuk olur. İki ay sonra bahar gelecek.

지금은 날씨가 추워. 두 달 뒤에 봄이 올 거야.

11 Biz ne zaman tatile çıkacağız?

우리는 언제 휴가를 떠나지요?

12 Çünkü, baban temmuz ayında izin alacak.

왜냐하면, 아빠가 7월에 휴가를 받을 거야.

13 Temmuz'da denize gireceğim, bol bol yüzeceğim.

7월에는 바다에 들어가야지, 많이 많이 수영해야지.

쓰기

1 너는 아침에 몇 시에 일어나니?
(kalkıyorsun. sabahları, kaçta)

2 주중에 매일 7시에 일어나.
(yedide, her gün, kalkıyorum, saat, hafta içi)

3 나는 주말에는 10시까지 잠을 자. (uyurum, kadar, hafta sonu, saat, ona)

4 나는 7시 반쯤 아침 식사를 해.
(yapıyorum, saat, buçuk civarında, yedi, kahvaltı)

5 점심 휴식은 몇 시에 시작해? (başlıyor, saat, öğle, tatiliniz, kaçta)

6 정오 12시부터 13시까지 휴식이지.
(on ikiden, öğlen, saat, kadar, on üçe, tatil)

7 나는 보통 6시 반쯤 집에 돌아와.
(dönüyorum, saat, civarında, altı buçuk, genellikle, eve)

8 우리는 언제 휴가를 떠나지요? (çıkacağız, biz, ne, tatile, zaman)

9 왜냐하면, 아빠가 7월에 휴가를 받을 거야.
(temmuz, çünkü, ayında, izin, baban, alacak)

회화 테스트

1 주중에 매일 7시에 일어나.

Hafta içi her gün saat yedide kalkıyorum.

2 나는 7시 반쯤 아침 식사를 해.

Saat yedi buçuk civarında kahvaltı yapıyorum.

3 나는 8시 15분에 버스를 타.

Sekizi çeyrek geçe otobüse biniyorum.

4 점심 휴식은 몇 시에 시작해?

Öğle tatiliniz saat kaçta başlıyor?

5 지금은 날씨가 추워.

Şimdi havalar soğuk olur.

6 우리는 언제 휴가를 떠나지요?

Biz ne zaman tatile çıkacağız?

7 꽃들은 봄에, 즉 3, 4, 5월에 꽃들이 필거야.

Ağaçlar ilkbahar mevsiminde, yani mart, nisan ve mayıs aylarında çiçek açar.

8 6, 7, 8월이 여름에 해당하는 달이야.

Haziran, temmuz ve ağustos ayları yaz aylarıdır.

응용연습

1

Hafta içi her gün saat altı buçukta kalkıyorum.
주중에 나는 매일 6시 반에 일어납니다.

1. Hafta içi her gün saat sekizde evden çıkıyorum.
주중에 나는 매일 8시에 집을 나섭니다.

2. Hafta içi her gün saat sekiz buçukta işyerine varıyorum.
주중에 나는 매일 8시 반에 직장에 도착합니다.

3. Hafta içi her gün saat yedide kahvaltı yapıyorum.
주중에 나는 매일 7시에 아침 식사를 합니다.

2

Genellikle saat altı buçuk civarında eve dönüyorum.
일반적으로 나는 6시 반쯤 집에 돌아와.

1. Genellikle günde ofiste sekiz saat çalışıyorum.
일반적으로 나는 하루에 사무실에서 8시간 일합니다.

2 Genellikle günde evde bir saat televizyon seyrediyorum.

일반적으로 하루에 집에서 한 시간 텔레비전을 시청합니다.

3 Genellikle gece saat on birde yatıyorum.

일반적으로 밤 11시에 잡니다.

3

Anne, hava ne zaman ısınacak?

엄마, 날씨가 언제 따뜻해져요?

1 Anne, hava ne zaman soğuyacak?

엄마, 날씨가 언제 추워져요?

2 Baba, ne zaman yaz tatili başlayacak?

아버지, 언제 여름 방학이 시작되나요?

3 Baba, ne zaman yağmur yağacak?

아버지, 비가 언제 오나요?

4 Ağabey ne zaman çiçek açacak?

오빠, 언제 꽃이 피지?

4

Baban temmuz ayında izin alacak.

(네)아빠가 7월에 휴가를 받을 거야.

1 Mart ayında Okul açılacak.

3월에 학교가 개학한다.

2 Haziran sonunda yaz tatili başlayacak.

6월 말에 여름 방학이 시작된다.

3 Ağustos ayı sonunda yaz tatili bitecek.

8월 말에 여름 방학이 끝난다.

4 Aralık başında kar yağmaya başlar.

12월 초에 눈이 내리기 시작한다.

연습문제

En uygun cevabı seçiniz.

문제 1

A: Hafta içi her gün genelde ne zaman kalkıyorsun?

B:________________________________

① Saat onda.
② Saat yedide.
③ On saatte.
④ Yedi saatte.

문제 2

A: Öğle tatiliniz genelde saat kaçta başlıyor?

B:________________________________

① Saat on ikide.
② Saat on sekizde.
③ On iki saatte.
④ On sekiz saatte.

문제 3

Şimdi havalar soğuk. İki aydan sonra bahar gelecek.

Şimdi hangi aydayız?

① Eylül. ② Ekim. ③ Kasım. ④ Aralık.

문제 4

Aşağıdaki diyalog okuduktan sonra cevap veriniz.

Ahmet: Saat sekizde evden çıkıyorum.
Sekizi çeyrek geçe otobüse biniyorum, sekiz buçukta işyerime varıyorum.
Saat dokuzda mesai saat başlıyor.

Serap: Öğle tatiliniz saat kaçta başlıyor?

Ahmet: Öğlen saat on ikiden on üçe kadar tatil.

Serap: Mesai saat kaçta bitiyor?

Ahmet: Saat altıda.

4 Ahmet günde kaç saat çalışıyor?

① Altı. ② On. ③ On iki. ④ Sekiz.

문제 5-6

Aşağıdaki diyalog okuduktan sonra cevap veriniz.

Anne: Herkes genellikle yazın tatile çıkar. Gelecek sene, biz de temmuz ayında tatile çıkacağız. Çünkü, baban temmuz ayında izin alacak.

Çocuk: Yaşasın! Temmuz'da denize gireceğim, bol bol yüzeceğim.

Anne: Yaz tatilini iyi değerlendirelim. Çünkü yaz üç ay sürer.
Daha sonra, eylül, ekim ve kasım ayları gelir. Yani... sonbahar.

5 Yaz ayları içinde hangi ay var?

① Temmuz. ② Eylül. ③ Ekim. ④ Kasım.

6 Bu aile neden temmuz ayında tatile çıkacak?

① Çocuk bol yüzecek. ② Baba işe gitmek istemiyor.
③ Baba izin alacak. ④ Anne izin almak istiyor.

제16과

Metro ve Otobüs

지하철과 버스

학습 목표

- 지하철과 버스 타기 위한 대화 방식과 관련된 표현을 학습해본다.

어휘

aşağı	아래
binmek	타다
cadde	길, 대로, 주요 도로
cami	모스크
çıkış	출구
doğru	바른, 곧은, (부) 똑바로, 직선으로
dönmek	돌다, 회전하다
durak	정거장, 정류소
ileri	앞, 전방, (부) 앞으로
inmek	내리다
istasyon	정거장
kapı	문
karşı	맞은 편, 반대 편
kavşaK	교차로, 교차점
metre	미터
metro	지하철
Park	공원

pastane	제과점
sağ	오른쪽
sapmak	(방향을) 바꾸다, 꺾다
sokak	좁은 길, 골목길
sol	왼쪽
yaklaşık	약, 대략
yukarı	위쪽, 위, 상부
yürümek	걷다

대화문

Metro(지하철)

Turist: İyi günler, Polis Bey!
안녕하세요, 경찰관님!

Polis Memuru: İyi günler! Buyurun!
안녕하세요! 말씀하세요!

Turist: Buradan Kocatepe Camisine nasıl gidebilirim?
여기에서 코자테페 자미(모스크)에 어떻게 갑니까?

Polis Memuru: Burası Ulus. Buradan otobüsle veya metroyla gidebilirsiniz.
여기는 울루수입니다. 이곳에서 버스 또는 지하철로 갈 수 있습니다.

Turist: Metroyla nasıl gidebilirim?
지하철로 어떻게 갈 수 있나요?

Polis Memuru: Sağda 50 metre ileride Ulus İstasyonu var.
오른쪽에 50미터 전방에 Ulus 정거장이 있어요.

Oradan metroya binin ve Kızılay İstasyonunda inin.
그곳에서 지하철을 타고 크즐라이 정거장에 내리세요.

Turist: Hangi kapıdan çıkacağım?
어떤 출구로 나가나요?

Polis Memuru: Kocatepe Camisine en yakın çıkış, Karanfil Sokak çıkışı.

코자테페 자미에 가장 가까운 출구는 Karanfil Sokak 출구(입니다).

O kapıdan çıkın, bir yere sapmadan 50 metre yürüyün.

그 출구로 나가세요. 어떤 곳으로 꺾지 말고 50미터 걸으세요.

Meşrutiyet Caddesine geleceksiniz.

메쉬루티예트 대로에 도착합니다.

O caddeden karşıya geçin ve sola dönün.

그 대로에서 맞은편으로 건너가서 왼쪽으로 도세요.

Yaklaşık 30 metre sonra başka bir caddeyi göreceksiniz.

약 30미터 후에 다른 대로가 보이실 겁니다.

O cadde Mithatpaşa Caddesi. O caddeden sağdan yürüyün.

그 대로가 미트하트파샤 대로입니다. 그 대로에서 오른편으로 똑바로 걸으세요.

Camiyi karşınızda göreceksiniz.

모스크가 당신 맞은편에 보이실 겁니다.

Turist: Teşekkür ederim, Polis Bey! İyi günler!

감사합니다, 경찰관님! 좋은 하루 되세요!

Polis Memuru: Rica ederim! Size de iyi günler!

천만에요! 당신도 좋은 하루 되세요!

Otobüs(버스)

Turist:	Affedersiniz, Polis bey, buradan Kızılay pastanesine nasıl gidebilirim? 실례합니다만, 경찰관님, 여기서 크즐라이 제과점에 어떻게 갈 수 있습니까?
Polis Memuru:	Burası Kuğulu Park. Buradan Kızılay'a metro yok. 이곳은 쿠울루 공원입니다. 여기에서 크즐라이까지 지하철이 없습니다.
	Otobüsle gidebilirsiniz. Kızılay otobüsüne karşı duraktan binebilirsiniz. 버스로 갈 수 있습니다. 크즐라이 행 버스를 건너편 정류장에서 타실 수 있습니다.
Turist:	Peki, hangi durakta ineceğim? 좋아요, 어떤 정류장에서 (내가) 내려야합니까?
Polis Memuru:	Atatürk Bulvarı üzerinde, Kızılay durağı var. Orada inin. 아타튀르크 대로에 크즐라이 정류장이 있습니다. 그곳에서 내리세요.
	Orada inip aşağıya, kavşağa doğru yürüyeceksiniz. 그곳에서 내려서 아래로, 교차로 방향으로 걸어가세요.
Turist:	Kavşaktan nereye döneceğim? 교차로에서 어느 쪽으로 돌아야합니까?

Polis Memuru: Kavşaktan sağa dönüp 100 metre kadar yürüyeceksiniz.

교차로에서 오른쪽으로 도셔서 100미터 정도 걸어가세요.

Kızılay pastanesi hemen sağda.

크즐라이 제과점이 바로 오른쪽에 있어요.

Turist: Teşekkür ederim, Polis bey.

감사합니다, 경찰관님.

Polis Memuru: Rica ederim. İyi günler.

별 말씀을요. 좋은 하루되길 바랍니다.

Turist: İyi günler.

좋은 하루되길 바랍니다.

문법

1 Saatler 시간

시간	SAAT KAÇ?	SAAT KAÇTA ...?
07:15	Saat yediyi çeyrek (on beş) geçiyor.	Saat yediyi çeyrek geçe uyandım.
12:30	Saat on iki buçuk. Saat on iki otuz.	Saat on iki buçukta yemek yedim. Uçak, saat on iki otuzda inecek.
14:23	Saat ikiyi yirmi üç geçiyor Saat on dört yirmi üç.	Saat ikiyi yirmi üç geçe gelecek. Saat on dört yirmi üçte gidecek.
02:45	Saat üçe çeyrek (on beş) var.	Film, saat üçe çeyrek kala bitti.
11:30	Saat on bir buçuk.	Saat on bir buçukta otobüse bindim.
18:57	Saat yediye üç var. Saat on sekiz elli yedi.	Saat yediye üç kala eve girdik. Saat on sekiz elli yedide buluştuk.

Saat kaç?
Saat ... ... var.
Saat kaç? (09:55)
Saat ona beş *var*.

Saat kaç?
Saat ... ... geçiyor.
Saat kaç? (10:05)
Saat onu beş *geçiyor*.

Saat kaçta ...?
Saat ... ... kala ... .
Saat kaçta işe geldin? (09:55)
Saat on*a* beş *kala* işe geldim.

Saat kaçta ...?
Saat ... ... geçe ... .
Saat kaçta uyandın? (10:05)
Saat on*u* beş *geçe* uyandım.

2 Günler 요일

pazartesi	월요일	파자르테시
salı	화요일	살르
çarşamba	수요일	차르샴바
perşembe	목요일	페르쉠베
cuma	금요일	주마
cumartesi	토요일	주마르테시
pazar	일요일	파자르

듣기

1 **Buradan Kocatepe Camisine nasıl gidebilirim?**

여기에서 코자테페 자미(모스크)에 어떻게 갑니까?

2 **Buradan otobüsle veya metroyla gidebilirsiniz.**

이곳에서 버스 또는 지하철로 (당신이) 갈 수 있습니다.

3 **Sağda 50 metre ileride Ulus İstasyonu var.**

오른쪽에 50미터 전방에 Ulus 정거장이 있어요.

4 **Oradan metroya binin ve Kızılay İstasyonunda inin.**

그곳에서 지하철을 타고 크즐라이 정거장에서 내리세요.

5 **O kapıdan çıkın, bir yere sapmadan 50 metre yürüyün.**

그 출구에서 나가세요. 어떤 곳으로 꺾지 말고 50미터 걸으세요.

6 O caddeden karşıya geçin ve sola dönün.

그 대로에서 맞은편으로 건너서 왼쪽으로 도세요.

7 Yaklaşık 30 metre sonra başka bir caddeyi göreceksiniz.

약 30미터 후에 다른 대로를 보실 겁니다.

8 Buradan Kızılay pastanesine nasıl gidebilirim?

여기서 크즐라이 제과점에 어떻게 갈 수 있습니까?

9 Buradan Kızılay'a metro yok.

여기에서 크즐라이까지 지하철이 없습니다.

10 Kızılay otobüsüne karşı duraktan binebilirsiniz.

크즐라이 행 버스를 건너편 정류장에서 타실 수 있습니다.

11 Hangi durakta ineceğim?

어떤 정류장에서 내려야합니까?

12 Orada inip aşağıya, kavşağa doğru yürüyeceksiniz.

그곳에서 내려서 아래로, 교차로 방향으로 걸어가세요.

13 Kavşaktan sağa dönüp 100 metre kadar yürüyeceksiniz.

교차로에서 오른쪽으로 도셔서 100미터 정도 걸어가세요.

쓰기

1. 여기에서 코자테페 자미(모스크)에 어떻게 갑니까?
(nasıl, Kocatepe Camisine, gidebilirim, buradan)

2. 이곳에서 버스 또는 지하철로 갈 수 있습니다.
(veya, otobüsle, metroyla, buradan, gidebilirsiniz)

3. 오른쪽에 50미터 전방에 Ulus 정거장이 있어요.
(var, sağda, ileride, 50 metre, Ulus İstasyonu)

4. 그대로에서 맞은편으로 건넌 뒤 왼쪽으로 도세요.
(caddeden, o, geçin, karşıya, sola, ve, dönün)

5. 약 30미터 후에 다른 대로가 보이실 겁니다.
(sonra, 30 metre, caddeyi, başka, bir, göreceksiniz, yaklaşık)

6. 여기서 크즐라이 제과점에 어떻게 갈 수 있습니까?
(Kızılay pastanesine nasıl, gidebilirim, buradan)

7 크즐라이 행 버스를 건너편 정류장에서 타실 수 있습니다.
(duraktan, kızılay, otobüsüne, binebilirsiniz, karşı)

8 교차로에서 오른쪽으로 도셔서 100미터 정도 걸어가세요.
(kadar, kavşaktan, yürüyeceksiniz, sağa dönüp, 100 metre)

회화 테스트

1 여기에서 코자테페 자미(모스크)에 어떻게 갑니까?

Buradan Kocatepe Camisine nasıl gidebilirim?

2 이곳에서 버스 또는 지하철로 당신이 갈 수 있습니다.

Buradan otobüsle veya metroyla gidebilirsiniz.

3 오른쪽에 50미터 전방에 Ulus정거장이 있어요.

Sağda 50 metre ileride Ulus İstasyonu var.

4 그곳에서 지하철을 타고 크즐라이 정거장에서 내리세요.

Oradan metroya binin ve Kızılay İstasyonunda inin.

5 그 대로에서 맞은편으로 건너 왼쪽으로 도세요.

O caddeden karşıya geçin ve sola dönün.

6 약 30미터 후에 다른 대로를 보실 겁니다.

Yaklaşık 30 metre sonra başka bir caddeyi göreceksiniz.

7 여기에서 크즐라이까지 지하철이 없습니다.

Buradan Kızılay'a metro yok.

응용연습

1

Buradan otobüsle veya metroyla gidebilirsiniz.

이곳에서 버스 또는 지하철로 갈 수 있습니다.

1 Buradan okula yürüyerek gidebilirsin.

이곳에서 학교까지 걸어서 갈 수 있다.

2 Buradan Taksim'e kadar otobüsle ve vapurla gidebilirsin.

이곳에서 탁심까지 버스와 배로 갈 수 있다.

3 Buradan Havaalanına kadar taksiyle gidersen çok rahat olur.

이곳에서 공항까지 택시로 간다면 매우 편리할 것이다.

4 Buradan Havaalanına kadar taksiyle gidersen çok rahat olur ama çok pahalı olur.

이곳에서 공항까지 택시로 간다면 매우 편리할 것이나 매우 비쌀 것이다.

2

Sağda 50 metre ileride Ulus İstasyonu var.
오른쪽에 50미터 전방에 Ulus 정거장이 있다.

1. Solda 50 metre geride Kızılay İstasyonu var.
   왼쪽에 50미터 후방에 크즐라이 정거장이 있다.

2. Solda 30 metre geride Kızılay İstasyonu var. Oradan sola dönün.
   왼쪽에 30미터 후방에 크즐라이 정거장이 있습니다. 그곳에서 왼쪽으로 도세요.

3. Solda 30 metre geride Kızılay İstasyonu var. Oradan metroya binin.
   왼쪽에 30미터 후방에 크즐라이 정거장이 있습니다. 그곳에서 지하철을 타세요.

3

Oradan metroya binin ve Kızılay İstasyonunda inin.
그곳에서 지하철을 타고 크즐라이 정거장에서 내리세요.

1. Oradan metroya binin ve 3 durak sonra inin.
   그곳에서 지하철을 타서 세 정거장 뒤에 내리세요.

2. Oradan metroda 2. hattaki trene binin ve 3 durak sonra inip 3. hatta geçin.
   그곳에서 지하철 2호선 차에 타서 세 정거장 후 내리고 3호선으로 이동하세요.

3. Oradan metroya binin ve 5 durak sonra inip 4. kapıdan çıkın.
   그곳에서 지하철을 타서 다섯 정거장 후 내려서 4번 출구로 나가세요.

연습문제

En uygun cevabı seçiniz.

문제 1

O, ne?

① O, oğlum.
② O, bir kadın.
③ O, bir öğretmen.
④ O, bir silgi.

문제 2

O, kim?

① O, bir kedi.
② O, bir kuş.
③ O, bir öğretmen.
④ O, bir köpek.

문제 3

A: Merhaba, benim adım Ahmet, sizin adınız ne?

B: Merhaba, benim adım da Gülnur.

A: Çok memnun oldum.

B: Ben de... Ahmet Bey, Ankaralı mısınız?

A: Hayır, İstanbulluyum ama bir iş için Ankara'da bulunuyorum. Bazen iş için İzmir'e de gidiyorum.

3 Ahmet Bey nereli?

① Ankaralı ② İstanbullu ③ Antalyalı ④ İzmirli

문제 4

A: Gülnur! okula neyle geliyorsun?

B: Evim okula çok yakın, her zaman yürüyerek gelirim. Ya sen Leyla?

A: Genellikle metroyla geliyorum ama bazen de otobüse biniyorum.

4 Leyla okula neyle geliyor?

① Her zaman metroyla geliyor.

② Yürüyerek geliyor.

③ Genellikle metroyla geliyor.

④ Genellikle otobüsle geliyor.

문제 5

Turist: Affedersiniz, Polis bey, buradan Kızılay pastanesine nasıl gidebilirim?

Polis Memuru: Burası Kuğulu Park. Buradan Kızılay'a metro yok.
Otobüsü kullanabilirsiniz. Kızılay otobüsüne karşı duraktan binebilirsiniz.
Turist: Peki, hangi durakta ineceğim?

5 Turist, Kızılay pastanesine nasıl gidecek?

① Metroyla. ② Yürüyerek. ③ Taksiyle. ④ Otobüsle.

제17과

Doğum Günü Kutlamsı

생일 축하

학습 목표

- 생일 축하와 관련된 표현과 친척 어휘를 학습해본다.

abla	누나, 언니
abartmak	과장하다
ağabey	형, 오빠
akraba	친척
anne	어머니, 엄마
anneanne	외할머니
baba	아버지
büyük	큰
davet	초청
dayı	외삼촌
doğum günü	생일
ev	집
haklı	옳은, 정당한
hayat	삶, 생명
hazırlamak	준비하다
kardeş	형제
kim	누구
kişi	사람

kocaman	커다란, 큰
küçük	작은
liste	목록, 리스트
meyveli	과일의, 과일이 있는
oğul	아들
öncelik	우선
parti	파티, 집단, 당
pasta	케이크, 과자
pazar	일요일
sipariş	주문
teyze	이모
toplam	총계, 총, 합계
unutmak	잊다
yaş	나이
yeğen	조카

대화문

Bayram: Hayatım! Biliyorsun, gelecek pazar Kuzey'in doğum günü.

여보(내 생명, 아내를 내 생명으로 부름)! 알다시피, 다음 주 일요일이 쿠제이 생일이야.

Funda: Evet, gelecek pazar oğlumuz 4 yaşına girecek.

응, 다음 일요일에 우리 아들이 네 살이 되지.

Bayram: Partiye kimleri davet edeceğiz?

파티에 누구를 초청해야지?

Funda: Bütün akrabaları davet edelim, ne dersin?

모든 친척을 초청하자, 어때?

Bayram: Ne? Bütün akrabaları mı?

뭐? 모든 친척을?

Funda: Evet, bu yıl büyük bir parti yapmalıyız.

그래, 올해 큰 파티를(파티를 크게) 해야지.

Bayram: Peki, sen bilirsin. Ama, evimiz çok küçük.

좋아, 네가 알아서 해. 그러나, 우리 집이 아주 작거든.

Funda: Sen de haklısın. O zaman, bir davetli listesi hazırlamalıyız.

너도 옳아(haklısın). 그러면, 초청자 명단을 준비해야 해.

Bayram: Tamam! Öncelikle annem, annen, baban, kardeşin Tolga.
Ablam, ağabeylerim, yeğenlerimiz...

좋아! 우선 나의 엄마, 네 엄마, 네 아버지(baban), 네 동생 톨가.
내 누나, 내 형들, 우리 조카들을 초대하자.

Funda: Fatoş Teyzem, Firdevs Teyzem, Anneannem, Ali Dayım....
Arkadaşlarımdan Nuray, Selma....

Fatoş 이모, Firdevs 이모, 외할머니, Ali 외삼촌, 내 친구들 가운데 Nuray, Selma을 초대하자.

Bayram: Ama, şimdiden 20 kişi oldu.

그런데, 지금 20명이 됐어.

Funda: Abartıyorsun. Bence toplam 15 kişi oldu.

너 과장 하는 거지. 내 생각으로 총(Toplam) 15명이야.

Kuzey: Anne! Benim arkadaşlarımı unuttunuz.
Arkadaşlarımı devet ederiz.

엄마! 제 친구들을 잊으셨어요? 제 친구들을 초대해요.

Bayram: Aa! Oğlum, senin arkadaşlarını nasıl unuturuz.
Bu, senin doğum günün.

아! 아들아, 네 친구들을 어떻게 잊겠니? 이건 네 생일인데.

Şöyle, kocaman, 25 kişilik bir pasta sipariş verelim.

이렇게, 커다란 25인용 케이크를 주문하지.

Funda: Pasta neyli olsun, oğlum?

케이크는 어떤 것이 좋을까, 아들아?

Kuzey: Meyveli olsun, anne. Meyveli pastaya bayılırım.

과일이 있는 것으로요, 엄마 (저) 과일 케이크를 너무 좋아요.

문법

1 Aylar ve Mevsimler

• Aylar 달(월)

1월	ocak	오작
2월	şubat	슈밧
3월	mart	마르트
4월	nisan	니산
5월	mayıs	마이으스
6월	haziran	하지란
7월	temmuz	테무즈
8월	ağustos	아우스토스
9월	eylül	에일륄
10월	ekim	에킴
11월	kasım	카슴
12월	aralık	아랄륵

• Mevsimler 계절

ilkbahar	봄	일크바하르
yaz	여름	야즈
sonbahar	가을	손바하르
kış	겨울	크쉬

a) Aralık-Ocak-Şubat: KIŞ

Aralık ayında (Aralıkta) Ankara'ya kar yağar.

Ocak ayında (Ocakta) hava çok soğuktur.

Şubat ayında (Şubatta) her yerde kar vardır.

Kışın her yere kar yağar.

Kışın her yer bembeyazdır.

Kışın İstanbul'da hava genellikle soğuk olur.

12. Aralık	1. Ocak	2. Şubat
1.1.1.1.1.	*Kış*	

b) Mart-Nisan-Mayıs: İLKBAHAR (BAHAR)

Mart ayı (Mart) geldi, (ilk)bahar geldi.

Nisan ayında (Nisanda) bol bol yağmur yağar.

Mayıs ayında (Mayısta) çiçekler açar.

İlkbaharda ağaçlar çiçek açar.

İlkbaharda her yer yeşil olur.

İlkbaharda çok yağmur yağar.

3. Mart	4. Nisan	5. Mayıs
1.1.1.1.2.	*İ l k b a h a r*	

c) Haziran-Temmuz-Ağustos: YAZ

Haziran ayında (Haziranda) havalar yavaş yavaş ısınır.

Temmuz ayında (Temmuzda) genellikle tatile çıkılır. Çünkü okullar tatildir.

Ağustos ayında (Ağustosta) denize gireriz. Çünkü hava ve deniz sıcaktır.

Yazın hava çok sıcak olur.

Yazın çok lezzetli meyveler vardır.

Yazın herkes tatile çıkar.

6. Haziran	7. Temmuz	8. Ağustos
1.1.1.1.3.	*Yaz*	

d) Eylul-Ekım-Kasım: SONBAHAR

Eylül ayında (Eylülde) okullar açılır.

Ekim ayında (Ekimde) ağaçlar yapraklarını döker.

Kasım ayında (Kasımda) hava soğumaya başlar. Ağaçlarda yaprak kalmaz.

Sonbaharda hava ne soğuk, ne sıcak olur.

Sonbaharda sokaklar dökülmüş yapraklarla doludur.

Bence sonbahar en güzel mevsimdir.

9.Eylül	10.Ekim	11.Kasım
1.1.1.1.4.	*Sonbaha*	

2 Zaman Zarfları: 시간 표현

akşam	저녁에	악샴
bu ay	이번 달	부 아이
bu hafta	이번 주	부 하프타
bu sene	금년	부 세네
bugün	오늘	부귄
dün	어제	뒨
ertesi gün	모레	에르테시 귄
evvelki gün	그저께	에벨키 귄
geceleyin	밤에	게제레인
geçen ay	지난달	게첸 아이
geçen hafta	지난주	게첸 하프타
geçen sene	작년	게첸 세네
gelecek ay	다음 달	겔레젝 아이
gelecek hafta	다음 주	겔레젝 하프타
gelecek sene	내년	겔레젝 세네
her gün	매일	헤르 귄
her zaman	항상	헤르 자만
iki gün önce	이틀 전	이키 귄 윈제
iki gün sonra	이틀 후	이키 귄 손라
öğleden sonra	오후에	외일레덴 손라
sabahleyin	아침에	사바흐레인
yarın	내일	야른

듣기

1 Biliyorsun, gelecek pazar Kuzey'in doğum günü.

알다시피, 다음 일요일이 쿠제이 생일이야.

2 Gelecek pazar, oğlumuz 4 yaşına girecek.

다음 일요일에 우리 아들이 네 살이 되지.

3 Bütün akrabaları davet edelim, ne dersin?

모든 친척을 초대하자, 어때?

4 Sen de haklısın. O zaman, bir davetli listesi hazırlamalıyız.

너도 옳아. 그러면, 초대자 명단을 준비해야해.

5 Tamam! Öncelikle annem, annen, baban, kardeşin Tolga. Ablam, ağabeylerim, yeğenlerimiz.

좋아! 우선 나의 엄마, 네 엄마, 네 아버지(baban), 네 동생 톨가, 내 누나, 내 형들, 우리 조카들을 초대하자.

6 Abartıyorsun. Bence toplam 15 kişi oldu.

너 과장하는 거지. 내 생각으로 총 15명이야.

7 Oğlum, senin arkadaşlarını nasıl unuturuz. Bu, senin doğum günün.

아들아, 네 친구들을 어떻게 잊겠니? 이건 네 생일인데.

8 kocaman, 25 kişilik bir pasta sipariş verelim.

커다란 25인용 케이크를 주문하자.

9 Pasta neyli olsun, oğlum?

케이크는 어떤 것이 좋을까, 아들아?

쓰기

1. 다음 일요일이 쿠제이 생일이야. (doğum günü, pazar, gelecek, Kuzey'in)

2. 다음 일요일에 우리 아들이 네 살이 되지.
(girecek, gelecek, oğlumuz, 4 yaşına, pazar)

3. 그러면 초대자 명단을 준비하자.
(hazırlamalıyız, O zaman, davetli, bir, listesi)

4. 너 과장하는 거지, 내 생각으로 총 15명이야.
(toplam, oldu, abartıyorsun, kişi, bence, 15)

5. 아들아, 네 친구들을 어떻게 잊겠니?
(unuturuz, oğlum, senin, nasılm arkadaşlarını)

6. 커다란 25인용 케이크를 주문하자.
(sipariş, kocaman, 25 kişilik, verelim, bir pasta)

회화 테스트

1 다음 일요일이 쿠제이 생일이야.

Gelecek pazar Kuzey'in doğum günü.

2 다음 일요일 우리 아들이 네 살이 되지.

Gelecek pazar, oğlumuz 4 yaşına girecek.

3 그러면, 초청자 명단을 준비해야만 해.

Bir davetli listesi hazırlamalıyız.

4 좋아! 우선 나의 엄마, 네 엄마, 네 아버지(baban), 네 동생 톨가, 내 누나, 내 형들, 우리 조카들을 초대하자.

Öncelikle annem, annen, baban, kardeşin Tolga. Ablam, ağabeylerim, yeğenlerimiz...

5 네 친구들을 어떻게 잊겠니? 이것이 네 생일인데.

Senin arkadaşlarını nasıl unuturuz. Bu, senin doğum günün.

6 커다란 25인용 케이크를 주문하자.

kocaman, 25 kişilik bir pasta sipariş verelim.

응용연습

1

Gelecek pazar Kuzey'in doğum günü.

다음 주 일요일이 쿠제이 생일이야.

1. Gelecek cumartesi günü babamın doğum günü.

   다음 주 토요일은 나의 아버지의 생신이야.

2. Gelecek Çarşamba okulun kuruluş günü.

   다음 주 수요일에 학교 개교기념일입니다.

3. Gelecek pazartesi Şeker bayramı başlayacak.

   다음 주 월요일에 세케르 명절이 시작된다.

2

Gelecek pazar, oğlumuz 4 yaşına girecek.

다음 주 일요일에 우리 아들이 네 살이 되지.

1. Gelecek pazar, amcam 50 yaşına girecek.

   다음 주 일요일에 삼촌이 50세가 된다.

2 Gelecek Salı teyzem 45 yaşına girecek.

다음 주 화요일에 이모가 45세가 된다.

3 Yarın annem 51. doğum gününü kutlayacak.

내일 어머니의 51번째 생일을 축하드린다.

3

Oğlum, senin arkadaşlarını nasıl unuturuz?

아들아, 네 친구들을 어떻게 잊겠니?

1 Babam doğum gününüzü nasıl unuturuz?

아버지 생신을 어떻게 잊겠어요?

2 Annem, doğum günümü hiç unutmaz.

나의 어머니는 내 생일을 전혀 잊지 않으신다.

3 Evlenince doğum gününü unutmayacağım.

결혼하면 너의 생일을 잊지 않을게.

4

O zaman bir davetli listesi hazırlamalıyız.

그러면 초대자 명단을 준비해야만 해.

1. O zaman bir yemek listesi hazırlamalıyız.

   그러면 식단(차림표)을 준비해야만 합니다.

2. Konferans için programı hazırlamalıyız.

   회의를 위해서 프로그램을 준비해야만 합니다.

3. Düğün için bir davetli listesi ve yemek listesi hazırlamalıyız.

   결혼식을 위해서 초청자 명단과 식단을 준비해야만 합니다.

연습문제

En uygun cevabı seçiniz.

문제 1

A: Bu, sizin kitabınız mı?

B:______________________

① Evet, O, benim kitabım.
② Hayır, O, benim kiatbım.
③ Hayır, O, bir kitap değil.
④ Evet, O, sizin ktabınız.

문제 2

A: Kardeşin okuyor mu?

B:______________________

① Evet, okuyorum.
② Hayır, O, okumuyor.
③ Hayır, O, okulu sevdi.
④ Evet, O, okumayı sevdi.

문제 3

A: Doğum günü partisine kiminle gideceksin?

B:______________________

① Evet, partiye amcam gidecek. ② Evet, yarın gideceksin.

③ Kardeşimle gideceğim. ④ Evet, kediyle gideceğim.

문제 4

Rakı alkol_____ bir içecektir.

① -lü ② -lu ③ -lı- ④ -sız

문제 5

Bayram: Ama, şimdiden 20 kişi oldu.

Funda: Abartıyorsun. Bence toplam 15 kişi oldu.

Kuzey: Anne! Benim arkadaşlarımı unuttunuz. En az arkadaşlarımdan 10 kişi devet ederiz.

Bayram: Aa! Oğlum, senin arkadaşlarını nasıl unuturuz. Bu, senin doğum günün. Şöyle, kocaman, 25 kişilik bir pasta sipariş verelim.

5 Bayramın oğlu arkadaşlarından kaç kişi davet etmek istiyor?

① 25 ② 20 ③ 15 ④ 10

제18장

Yer Sorma ve Yol Tarif Etmek

장소 묻기와 설명하기

학습 목표

• 장소와 길을 묻고 설명하는 대화 방식과 관련된 표현을 학습해본다.

어휘

arka	뒤, 배후
aşağı	밑, 아래
bakmak	보다
bayi	판매자
bayan	~양, ~부인, ~여사
cadde	길, 도로
cami	모스크
daire	사무실, (아파트의) 호
dakika	분
durak	정거장
dümdüz	아주 평평한, 곧바로
gerekmek	필요하다
hastane	병원
ileri	전방, 앞
inmek	내리다
istasyon	정거장(기차, 전철)
kapı (çıkış)	문(출구)
karşı	맞은편, 반대편,
karşıya geçin	맞은편으로 가세요
kolay	쉬운, 용이한

kolay gelsin	잘 하세요, 쉽게 풀리기를 바랍니다
köşe	모퉁이, 모서리, 구석
loto	로또
merkez:	중앙
mesafe	거리, 간격
meşhur	유명한
metre	미터
metro	지하철
müsait	적당한, 알맞은, 편리한
sağ	오른편
sağdaki:	오른편에 있는
sapmak:	바꾸다, 꺾다
semt	구역, 지역
sokak	길, 좁은 길
sol	왼편
son	끝, 마지막
soldaki	왼편에 있는
sormak	묻다
şehir	도시
şube	지점, 분점, 지국
taraf	쪽, 부분
tavsiye	추천

tekrar	다시, 반복하여
teyze	이모
uzak	먼
zor	어려운
tarif etmek	설명하다, 묘사하다
yardımcı olmak:	도와주다
yakın	가까운
yakınlarda	근처에, 가까운 곳에
yaklaşık:	대략, 대강의
yanılmak	실수하다, 잘못하다
yanlış	틀린, 잘못된
yer	지역, 장소
yol	길, 도로
yukarı	위, 상부
yürümek	걷다, 보행하다

대화문

Yer sorma(장소묻기)

Seda: Merhaba, kolay gelsin. Ankara Üniversitesi Hastanesi'ne nasıl gidebilirim?

안녕하세요, 수고하십니다. 앙카라대학교 병원에 어떻게 갈 수 있나요?

Bir Sivil: Buradan gitmeniz biraz zor. Taksiye binmenizi tavsiye ederim.

여기에서 당신이 가기에는 조금 어렵습니다. 택시 타는 것을 추천합니다.

Seda: Çok mu uzak?

많이 먼가요?

Bir Sivil: Yürüme mesafesi çok fazla. Yaklaşık 25-30 dakika yürümek gerekli.

걷는 거리(간격)가 꽤 많습니다. 약 25-30분 정도는 걸을 필요가 있어요.

Seda: Bu semti iyi bilmediğim için otobüsten yanlış yerde inmişim.

이 지역을 제가 잘 알지 못하기 때문에 버스에서 잘못된 곳에 내린 것 같아요.

Otobüste yanımda oturan teyze burada inmem gerektiğini söylemişti.

버스에서 제 옆에 앉아계시던 아주머니께서 여기서 내려야 된다고 말했어요.

Bende indim. Ama yanlış söylemiş.

그래서 저도 내렸어요. 그런데 그분이 잘못 말씀하셨네요.

Bir Sivil: Evet, hastane durağının çok öncesinde inmişsiniz.

네, 병원 정류장보다 너무 전에 내리셨어요.

Seda: Yürüyerek gidersem nasıl gidebilirim? Tarif eder misiniz?

내가 걸어가려면 어떻게 가야 하죠? 설명해주시겠어요?

Bir Sivil: Bu yolu yürüyün. Yolun sonunda dört yol var.

이 길을 걸어가세요. 길 막바지에 사거리가 있어요.

Sağ tarafında bir pastaneyi göreceksiniz. Oradan karşıya geçerek sol tarafa gidin.

오른쪽에 제과점을 보실 수 있습니다. 그곳에서 반대편으로 건너가셔서 왼쪽으로 가세요.

Meşhur bir loto bayi var.

유명한 로또 가게가 있어요.

Hastane ara sokakta olduğu için loto bayi'ye de tekrar sormanız iyi olur.

병원이 샛길에 있기 때문에 복권 가게에서 다시 물어보는 게 좋을 겁니다.

Seda: Peki teşekkür ederim.

알겠습니다. 감사합니다.

Bir Sivil: Rica ederim.

별 말씀을요.

Yeni Evin Adresi(새 집의 주소)

Burak: Eviniz hayırlı olsun! Yeni evin nerede?

네 집에 행운이 있길바라! 새 집은 어디에 있어?

Banu: Teşekkürler. Yeni evimiz şehir merkezinde, Kolej'de.

고마워, 우리 새 집은 시내 중심에, 콜레지에.(있어.)

Burak: Çok iyi. Yarın size gelmek istiyoruz. Müsait misin?

아주 좋군. 내일 너희 집에 가기를 원해. 괜찮니?

Banu: Tabi, müsaitiz. Gelirsen, çok seviniriz.

물론, 우리는 괜찮아. 온다면, 우리는 기쁠 거야.

Burak: Adresini tarif edebilir misin?

네 주소를 설명해 줄 수 있니?

Banu: Otobüsle mi, metroyla mı geleceksin?

버스로, 또는 지하철로 올 거야?

Burak: Otobüsle geleceğiz. Kaç numaralı otobüse binmeliyiz?

버스로 갈거야. 우리가 몇 번 버스를 타야 하지?

Banu: 220 numaralı otobüse bin, Kurtuluş Parkı durağında in.

220 번 버스에 타, 쿠르툴우쉬 파크(Kurtuluş Parkı) 정거장에서 내려.

Daha sonra karşıya geç, VakıfBank'ı göreceksin.
그 뒤에 맞은편으로 건너가. 와크프 방크(VakıfBank)를 네가 보게 될 거야.

Oradan sola dön ve yaklaşık yüz metre sonra soldaki ilk sokağa gir.
그곳에서 왼쪽으로 돌아 그리고 대략 100미터 뒤에 왼쪽의 첫 번째 길로 들어가.

Evimiz, sağdan üçüncü apartmanda, ikinci kat, 7 numaralı daire.
우리 집은 오른쪽에서 세 번째 아파트야, 2층에 7번 집이야.

Burak: Tam adresini de alabilir miyim?
정확한 네 주소를 받을 수 있을까?

Banu: Tabi! Kıbrıs Caddesi, Samur sokak, Numara 30/7, Kolej
물론! Kıbrıs Caddesi, Samur sokak, Numara 30/7, Kolej이야.

Burak: Tamam! Adresini yazdım. Sanırım kolayca bulabiliriz.
됐어. 네 주소를 적었어. 내 생각으로 쉽게 찾을 수 있을 것 같아.

Banu: O halde, yarın bekliyoruz.
그러면, 내일 우리가 기다리겠어.

Burak: Tamam! Yarın akşam görüşmek üzere!
좋아! 내일 저녁에 볼 수 있기를!

문법

1 Yer ve Yön Zarfları: 장소와 방향을 나타내는 부사

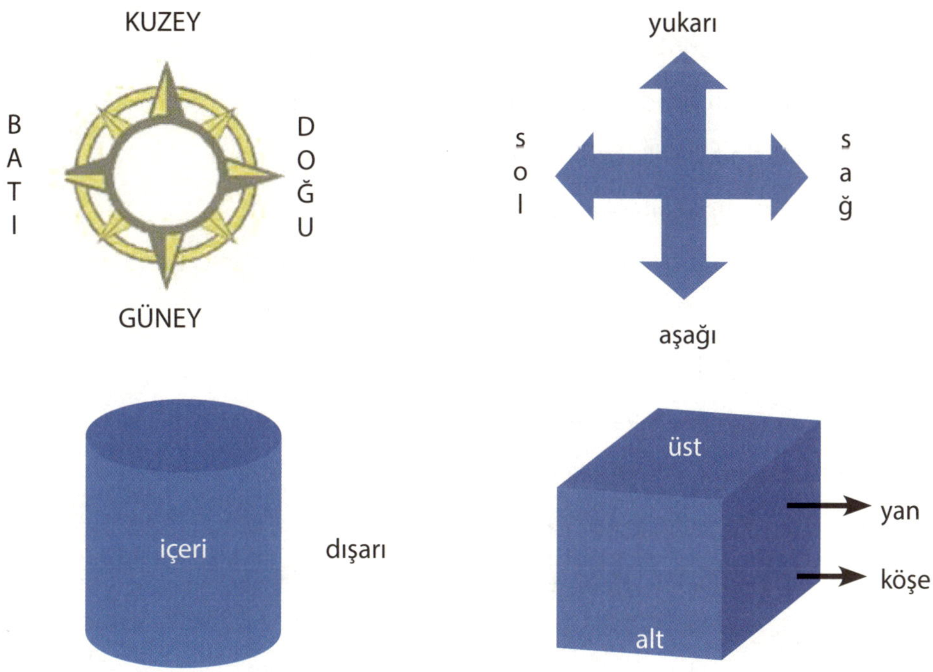

☑ 동사의 형용사적 용법은 Ortaç 또는 Sıfat fiiller라고 하며, 동사가 형용사로 사용되는 형태이며 뒤에 오는 명사를 수식한다. Ortaç는 대명사적 어미를 각각 취하여 동사의 행위자를 나타낸다. Ortaç는 3개의 시제로 나뉘어 사용된다.

1) 과거시제(Geçmiş zaman)

2) 초월시제(Geniş zaman)

3) 미래시제(Gelecek zaman)

1) 과거시제(Geçmiş zaman)

동사의 형용사적 용법 과거시제는 주로 대명사적 어미(소속어미)를 취한다.

-dık(-dik, -duk, -dük)

Sen, o uzaktan gördüğün kandil ışığıyla ısınmışsındır.

Siz, benim 1980 yılından beri tanıdığım öğretmensiniz.

Öğretmen sınavda bildiğim sorular sordu.

Yarın okuduğunuz kitaplar getireceksiniz.

Bilmediğiniz sorular varsa, hiç çekinmeden öğretmene soracaksınız.

• 인칭에 따른 변화 형태:

gör-düğ-üm (내가 본) kandil ışığı

gör-düğ-ümüz (우리가 본) kandil ışığı

gör-düğ-ün (네가 본) kandil ışığı

gör-düğ-ünüz (당신이 본, 당신들이 본) kandil ışığı

gör-düğ-ü (그가 본) kandil ışığı

gör-dük-leri (그들이 본) kandil ışığı

2) 초월시제(Geniş zaman)

-ar(-er, -ır, -ir, -ur, ür)
-an(-en)

Erken uyanmak için çalar saati kurdum.

Bu akşam lokantada döner kebap yiyeceğiz.

Dünyada okur yazar insanların sayısı gittikçe çoğalıyor.

Bahçede oynayan öğrenci, futbolcudur.

Pazarda satılan elbise, Kore'den ithal edilen maldır.

Bu problemi çözen kişiye ödül verilecektir.

3) 미래시제(Gelecek zaman)

-acak, -ecek

Ahmet, gelecek yıl üniversiteye gidecek.

Bugünlerde dünyada inaılmayacak olaylar oluyor.

Bu kutuya kırılacak eşyalar koyulmaz.

Ahmet'in anlatacağ-ı hikayeyi dinleyiniz.

(anlatacağ-ı에서 -ı는 3인칭 대명사적 어미이며, -acak, -ecek에 대명사적 어미를 붙여 동사의 행위자는 나타낸다.)

• 인칭에 따른 변화 형태:

anlat-acağ-ım (내가 설명할) hikaye

anlat-acağ-ımız (우리가 설명할) hikaye

anlat-acağ-ın (네가 설명할) hikaye

anlat-acağ-ınız (당신, 당신들이 설명할) hikaye

anlat-acağ-ı (그가 설명할) hikaye

anlat-acak-ları (그들이 설명할) hikaye

듣기

1. Ankara Üniversitesi Hastanesi'ne nasıl gidebilirim?
앙카라대학교 병원에 어떻게 갈 수 있나요?

2. Buradan gitmeniz biraz zor.
여기에서 당신이 가기에 조금 어렵습니다.

3. Yürüme mesafesi çok fazla.
걷는 거리(간격)가 꽤 많습니다.

4. Yaklaşık 25-30 dakika yürümek gerekli.
약 25-30분 정도는 걸을 필요가 있어요.

5. Bu semti iyi bilmediğim için otobüsten yanlış yerde inmişim.
제가 이 지역을 잘 알지 못하기 때문에 버스에서 잘못 내린 것 같아요.

6. Otobüste yanımda oturan teyze burada inmem gerektiğini söylemişti.
버스에서 제 옆에 앉아계시던 아주머니께서 여기서 내려야 된다고 말했어요.

7. Hastane durağının çok öncesinde inmişsiniz.
병원 정류장보다 너무 전에 내리셨어요.

8. Sağ tarafında bir pastaneyi göreceksiniz.
오른쪽에 제과점을 보실 수 있습니다.

9. Oradan karşıya geçerek sol tarafa gidin.
그곳에서 반대편으로 건너가셔서 왼쪽으로 가세요.

10 Loto bayi'ye de tekrar sormanız iyi olur.

복권 가게에서 다시 물어보는 게 좋을 겁니다.

11 Yarın size gelmek istiyoruz. Müsait misin?

내일 네 집에 가기를 원해. 괜찮니?

12 Adresini tarif edebilir misin?

네 주소를 설명해 줄 수 있니?

13 Kaç numaralı otobüse binmeliyiz?

몇 번 버스를 우리가 타야만 하지?

14 Evimiz, sağdan üçüncü apartmanda.

우리집은 오른쪽에서 세 번째 아파트야.

15 Yaklaşık yüz metre sonra soldaki ilk sokağa gir.

대략 100미터 뒤에 왼쪽의 첫 번째 길로 들어가.

쓰기

1 여기에서 당신이 가기에 조금 어렵습니다. (biraz, buradan, zor, gitmeniz)

2 약 25-30분 정도는 걸을 필요가 있어요.
(yürümek, yaklaşık, dakika, 25-30, yürümek, gerekli)

3 이 지역을 제가 잘 알지 못하기 때문에 버스에서 잘못 내린 것 같아요.
(Bu semti iyi bilmediğim için otobüsten yanlış yerde inmişim.)

4 아주머니(이모)께서 여기서 내려야 된다고 말했어요.
(gerektiğini, teyze, inmem, söylemişti, burada)

5 오른쪽에 제과점을 보실 수 있습니다.
(göreceksiniz, sağ, pastaneyi, tarafında, bir)

6 병원 정류장보다 너무 전에 내리셨어요.
(inmişsiniz, hastane, çok, durağının, öncesinde)

7 그곳에서 반대편으로 건너가셔서 왼쪽으로 가세요.
(gidin, oradan, geçerek, karşıya, sol, tarafa)

8 내일 네 집에 가기를 원해. (istiyoruz, gelmek, yarın, evinize)

9 몇 번 버스를 우리가 타야만 하지? (binmeliyiz, kaç, otobüse, numaralı)

10 대략 100미터 뒤에 왼쪽의 첫 번째 길로 들어가.
(ilk, gir, yaklaşık, yüz, sonra, soldaki, sokağa, metre)

회화 테스트

1 앙카라대학교 병원에 어떻게 갈 수 있나요?

Ankara Üniversitesi Hastanesi' ne nasıl gidebilirim?

2 걷는 거리(간격)가 꽤 많습니다.

Yürüme mesafesi çok fazla.

3 약 25-30분 정도는 걸을 필요가 있어요.

Yaklaşık 25-30 dakika yürümek gerekli.

4 제가 이 지역을 잘 알지 못하기 때문에 버스에서 잘못 내린 것 같아요.

Bu semti iyi bilmediğim için otobüsten yanlış yerde inmişim.

5 병원 정류장보다 너무 전에 내리셨어요.

Hastane durağının çok öncesinde inmişsiniz.

6 오른쪽에 제과점을 보실 수 있습니다.

Sağ tarafında bir pastaneyi göreceksiniz.

7 그곳에서 반대편으로 건너가셔서 왼쪽으로 가세요.

Oradan karşıya geçerek sol tarafa gidin.

8 몇 번 버스를 우리가 타야만 하지?

Kaç numaralı otobüse binmeliyiz?

9 우리집은 오른쪽에서 세 번째 아파트야.

Evimiz, sağdan üçüncü apartmanda.

응용연습

1

Ankara Üniversitesi Hastanesi'ne nasıl gidebilirim?

앙카라대학교 병원에 어떻게 갈 수 있나요?

1. Ankara Üniversitesi Tıp Fakültesi'ne metroyla gidebilir miyim?

   앙카라대학교 의과대학에 지하철로 갈 수 있나요?

2. Ankara Üniversitesi Hukuk Fakültesi'ne yürüyerek gidebilir miyim?

   앙카라대학교 법과대학에 걸어서 갈 수 있나요?

3. Ankara Üniversitesi Eczacılık Fakültesi'ne otobüsle gidebilir miyim?

   앙카라대학교 약학대학에 버스로 갈 수 있나요?

2

Buradan gitmeniz biraz zor.

여기에서 당신이 가기에 조금 어렵습니다.

1. Buradan okula kadar yürümeniz biraz zor.

   여기에서 학교까지 당신이 걷는 것은 조금 어렵습니다.

❷ Buradan okula kadar metroyla gitmeniz çok kolay.
여기에서 학교까지 지하철로 가는 것은 아주 쉽습니다.

❸ Buradan üniversiteye kadar gitmeniz biraz zor.
여기에서 대학교까지 당신이 가기에 조금 어렵습니다.

3

Yaklaşık 25-30 dakika yürümek gerekli.
약 25-30분 정도는 걸을 필요가 있어요.

❶ Buradan tam 10 dakika yürümeniz gerekli.
이곳에서부터 정확히 10분간 (당신이) 걸을 필요가 있어요.

❷ Buradan okula kadar 10 dakika içinde yürüyerek gidebilirsin.
이곳에서 학교까지 10분 내에 너는 걸어서 갈 수 있어.

❸ 10 dakikada 1 kilo metre yürüyebilirim.
10분동안 1 km를 (나는) 걸을 수 있다.

4

Yarın evinize gelmek istiyoruz.

내일 네 집에 가기를 (우리는) 원해.

1 Bugün seninle evine gelmek istiyorum.

오늘 너와 함께 네 집에 가기를 원한다.

2 Bugün evime gelebilirsin.

오늘 나의 집에 (네가) 올 수 있어.

3 Yarın evime metroyla gelmen kolay.

내일 나의 집에 지하철로 (네가) 오는 것은 쉬워.

5

Bu semti iyi bilmediğim için otobüsten yanlış yerde inmişim.

제가 이 지역을 잘 알지 못하기 때문에 버스에서 잘못 내린 것 같아요.

1 Bu semti iyi bildiğim için otobüsten uygun bir durakta indim.

나는 이 지역을 잘 알고 있어서 버스에서 적당한 정거장에 내렸다.

2 Bu semti iyi bildiğim için hiç kimseye sormadım.

나는 이 지역을 잘 알고 있어서 어느 누구에게 묻지 않았다.

3 Bu semti iyi bildiğin için evime gelmen kolay.

너는 이 지역을 잘 알고 있어서 내 집에 오는 것이 쉬워.

연습문제

En uygun cevabı seçiniz.

문제 1

A: Babam nerede?

B: Ben de bilmiyorum.

A: Öyleyse, babam eve gel___ gel___ beni arasın.

B: Tamam. Anladım.

① -e/ -e ② -ir/ -mez ③ -di/ -miş ④ -ir/-ince

문제 2

A: Okulu ne zaman bitireceksin?

B: ________________________

① İki yıl önce. ② Her yıl.

③ Geçen ay. ④ Bir sömestr sonra.

문제 3

A: Tatilde nereye gideceksiniz?

B: ____________________

① Arkadaşımla gideceğim.
② Temmuzda gideceğim.
③ Antalya'ya gideceğim.
④ Trenle gideceğim.

문제 4-5

Aşağıdaki cümleyi okuduktan sonra cevap verin.

Bir Sivil: Hastaneye gitmek için yürüme mesafesi çok fazla.
Yaklaşık 25-30 dakika yürümek gerekli.

Seda: Bu semti iyi bilmediğim için otobüsten yanlış yerde inmişim.
Otobüste yanımda oturan teyze burada inmem gerektiğini söylemişti.
Bende indim. Ama yanlış söylemiş.

Bir Sivil: Evet, hastane durağının çok öncesinde inmişsiniz.

Seda: Yürüyerek gidersem nasıl gidebilirim? Tarif eder misiniz?

Bir Sivil: Bu yolu yürüyün. Yolun sonunda dört yol var. Orada bir pastaneyi göreceksiniz. Pastanenin solundaki sokakta hastane var.

4 Seda neden yanlış yerde inmiş?

① Seda 20 dakika yürümek istedi.

② Seda otobüsü sevmiyor.

③ Bir teyze yanlış söylemiş.

④ Seda teyzeyi sevmedi.

5 Seda hastaneye nasıl gidecek?

① Seda yürüyerek gidecek.

② Seda otobüsle gidecek.

③ Seda yürümek istemedi.

④ Seda teyzeyle gidecek.

제19과

Ev temizliği

집 청소

학습 목표

- 집 청소와 관련된 대화 방식과 관련된 표현을 학습해본다.

어휘

başlamak	시작하다
birlikte	함께, 동시에
bitmek	끝나다
bulaşık	오염된, 더러워진 (명) 더러워진 식기
cam	유리
deterjan	세제
dikkat	주의, 집중
eklemek	부가하다, 첨가하다
elektrik	전기
gün	날, 일
hal	상태, 조건
halı	양탄자
hayır	아니오, 아니
kez	회, 차례
kız	딸
kova	양동이, 물통
merak	관심, 흥미, 염려
misafir	손님

mutfak	부엌, 주방
salon	거실, 응접실, 회의장
süpürge	빗자루, 비
süpürmek	쓸다, 닦다
silmek	닦다, 지우다
temizlik	청소, 소제
toz	먼지
yardım	도움, 지원
yıkamak	씻다, 닦다

대화문

Anne: Kızım, bugün bir yere gidiyor musun?

(나의) 딸, 오늘 어디 가니?

Ebru: Hayır, anneciğim gitmiyorum.

아뇨, 엄마 어디 안가요.

Anne: O halde bugün birlikte temizlik yapıyoruz. Misafirlerim evime gelecekler.

그러면 오늘 같이 우리 청소하자. 손님들이 집으로 올 거야.

Ebru: Tamam yardım edeyim. Nereden başlıyoruz?

알겠어요, 제가 도와드릴게요. 어디서부터 시작할까요?

Anne: Salondan başlayalım. Sen tozları al. Bende camları sileceğim.

거실부터 시작하자. 너는 먼지를 치워. 나도 창문을 닦을게.

Elektrik süpürgesi ile halıların tozunu al.

진공청소기로 카펫의 먼지들 빨아들여.

Ebru: Tamam, her yerden tozu alıyorum.

알겠어요, 모든 곳에서 먼지들을 치울게요.

(Toz alma işi bittikten sonra) Tozları almam bitti. Şimdi ne yapayım?

(먼지 치우는 일이 끝난 뒤) 먼지 치우는 것 끝났어요. 이제 내가 뭘 할까요?

Ebru: Tamam. Camları silerken dikkat et, anne.

알겠어요. 유리창 닦을 때 조심하세요, 엄마.

Anne: Tamam. İlk kez cam silmiyorum. Merak etme.

알겠어. 처음 창문을 닦는 게 아니란다. 걱정하지 마.

Ebru: Yine de söyleyeyim dedim.

또 말하고 싶었어요.

Anne: Süpürme işin bitince bulaşıkları yıkar mısın?

청소기 일이 끝나면 설거지를 해줄래?

Ebru: Tabi ki. Bugün ne de olsa temizlik günü.

물론이죠. 오늘은 어쨌든 청소하는 날이네요.

Anne: Ben de yerleri sileceğim. Kovaya su ve deterjanları ekledim.

나도 바닥을 닦을게. 양동이에 물이랑 세제를 타두었어.

Ebru: Anne, bulaşık deterjanı bitmiş? Yenisi nerede?

엄마, 설거지용 세제 다 떨어졌어요? 새 거는 어디 있어요?

Anne: Sağ alttaki mutfak dolabında.

오른쪽 아래에 있는 주방서랍에 있어.

Ebru: Tamam buldum. Bulaşıkları yıkamayı bitirince ne yapacağım?

네, 찾았어요. 설거지 끝내면 제가 무엇을 할까요?

Anne: Teşekkür ederim.

고맙구나.

Ebru: Ne demek anneciğim. Başka yapabileceğim bir şey varsa çağır.

별 말씀을요 엄마. 제가 더 할 수 있는 것들이 있으면 부르세요.

Ben odamdayım. Biraz kitap okuyacağım.

저는 방에 있을게요. 잠시 책을 읽을게요.

문법

1 동사의 부사적 용법

동사의 부사적 용법은 Ulaç 또는 Zarf fiiller라고 한다. Ulaç는 동사에 부사 형성 접미사를 붙여 만들어진다. 이 용법은 두 가지 일이 동시에 일어나거나 어떤 일이 연속적으로 일어나는 것을 나타내기 위해 주로 사용된다. Ulaç는 시제와 인칭을 나타내지 않고 사용된다.

-p (-ıp, -ip, -up, -üp), ~하고

Şapkasını aldı ve gitti. → Şapkasını alıp gitti.

Çocuk süt içti ve uyudu. → Çocuk süt içip uyudu.

Dün kırlarda gezdik ve eğlendik. → Dün kırlarda gezip eğlendik.

-a(-a....-e), -e(-a....-e), ~하며, ~하면서

Küçük kardeşim bağıra bağıra kitap okudu.

Şarkıcı güle güle şarkı söyledi.

Küçük çocuk düşe kalka yürümeye çalıştı.

-madan(-meden), ~하지 않고

Bu adam hiç konuşmadan dinliyordu.

O öğrenci hiç dinlenmeden çalışıyor.

Sakın bilmeden bir iş yapmayın.

Bana bakmadan konuşmaya çalıştı.

-ken, ~할 때

Okula giderken bir gazete aldım.

Okuldan dönerken yolda annemle karşılaştım.

İnsanlar yaşarken zamanı iyi değerlendirmelidir.

-dığı(-diği, -duğu, -düğü) halde, ~에도 불구하고

Arkadaşım çalıştığı halde sınavı başaramadı.

Kitap okuduğu halde anlayamadı.

O, iyi bilmediği halde her işe karışıyor.

-dığında(-dığı zaman), ~했을 때

Sokakta beni gördüğünde arkadaşım çok sevindi.

Parayı aldığı zaman hemen dükkana giderdi.

Bu kitap okuduğunda çok şey öğreneceksiniz.

Annem geldiği zaman pikniğe gideriz.

-dıktan(-dikten, -duktan, -dükten) sonra, ~한 후에

Otobüse bindikten sonra hiç oturamadım.

Yağmur yağdıktan sonra hava yeniden açtı.

Sınıfa girdikten sonra yerime oturdum.

-dıkça(-dikçe, -dukça, -dükçe), ~할수록

İnsanlar okudukça bilgileri artar.

Gün geçtikçe Türkçe'yi daha iyi öğreniyoruz.

Neşeli insanlara baktıkça herkes onlara yaklaşmak ister.

Sizleri tanıdıkça daha çok sevdim.

-alı(-eli), ~한 이래로

Annemi görmeye geleli bir hafta oldu.

Kursa devam edeli çok şey öğrendim.

Arkadaşım Türkiye'ye gideli bize haber göndermedi.

-ınca(-ince, -unca, -ünce), ~할 때(동작이 시작된 때)

Yaz gelince hep birlikte tatile çıkarız.

Annesinden haber alınca çok sevindi.

Gazeteyi okuyunca Kore milli takımının maçı kazandığını öğrendim.

-madan(-meden) önce, ~하기 전에

Yatmadan önce fazla yiyecekler yemek iyi değildir.

Kız arkadaşıma mektubu yazmadan önce birkaç defa düşündüm.

Güneş doğmadan önce uyandım.

-ıncaya(-ince, -unca, -ünce) kadar, ~할 때 까지

Bu iş bitinceye kadar seni bekleyeceğim.

Memleketime dönünceye kadar bütün gücümle çalıştım.

Annem eve gelinceye kadar ödevini bitirmelisin.

-r .....maz(-r .....mez), ~하자마자

Okulu bitirir bitirmez hemen kendime iş bulacağım.

Yataktan kalkar kalkmaz elimi yüzümü yıkadım.

Siz evime gelir gelmez hep birlikte yemek yeriz.

-dığından(-diğinden, -duğundan, -düğünden), ~했기 때문에

Ayşe nazik olduğundan her öğrenci onu sever.

Yemeği fazla yediğinden hemen kilo alıyor.

Vakti fazla olmadığından sevgilisiyle yeterince konuşamadı.

Gözlerim yorulduğundan biraz oturup dinlenmek isterim.

-maktan(-mekten), ~하는 것으로 인해, ~하는 것으로부터

Ders çalışmaktan büyük bir zevk alıyorum.

Ders çalışmaktan çok yoruldum.

Akşam yemeğinden sonra yürüyüş yapmaktan hoşlanırım.

Akşam yemeğinden sonra yürüyüş yapmaktan hiç bir zevk almıyorum.

듣기

1 Kızım, bugün bir yere gidiyor musun?

(나의) 딸, 오늘 어디 가니?

2 O halde bugün birlikte temizlik yapıyoruz. Misafirlerim evime gelecekler.

그러면 우리 오늘 같이 청소하자. (내) 손님들이 집으로 올 거야.

3 Yardım edeyim. Nereden başlıyoruz?

내가 도와드릴게요. 어디서부터 시작할까요?

4 Salondan başlayalım ve sen tozları al. Bende camları sileceğim.

거실부터 (우리) 시작하자. 너는 먼지를 치워. 나도 창문을 닦을게.

5 Her yerden tozu alıyorum.

모든 곳에서 먼지들을 치울게요.

6 Elektrik süpürgesi ile halıların tozunu al.

진공청소기로 카펫의 먼지들 빨아들여.

7 Camları silerken dikkat et, anne.

유리창 닦을 때 조심하세요, 엄마.

8 İlk kez cam silmiyorum. Merak etme.

처음 창문을 닦는 게 아니란다. 걱정하지 마.

9 Süpürme işin bitince bulaşıkları yıkar mısın?

청소기 일이 끝나면, 설거지를 해줄래?

10 Ben de yerleri sileceğim. Kovaya su ve deterjanları ekledim.

나도 바닥을 닦을게. 양동이에 물이랑 세제를 타두었어.

11 Bulaşıkları yıkamayı bitirince ne yapacağım?

설거지를 끝내면 내가 무엇을 할까요?

12 Başka yapabileceğim bir şey varsa çağır.

제가 더 할 수 있는 것들이 있으면 부르세요.

쓰기

1 (나의) 딸, 오늘 어디 가니? (musun, bugün, bir, gidiyor, yere, kızım)

2 그러면 우리 오늘 같이 청소하자.
(temizlik, yapıyoruz, o halde, bugün, birlikte)

3 거실부터 (우리) 시작하고 너는 먼지를 치워.
(tozları, ve, başlayalım, sen, al, salondan)

4 모든 곳에서 먼지들을 (내가) 치울게요. (tozu, her, alıyorum, yerden)

5 처음 창문을 닦는 게 아니란다. 걱정하지 마.
(merak, kez, silmiyorum, ilk, cam, etme)

6 청소기 일이 끝나면, 설거지를 해줄래?
(mısın, bitince, süpürme, bulaşıkları, işin, yıkar)

7 양동이에 물이랑 세제를 (내가) 타두었어.
(su, ve, kovaya, deterjanları, ekledim)

8 제가 다른 할 수 있는 것이 있으면 저를 부르세요.
(beni, varsa, başka, bir şey, çağır, yapabileceğim)

회화 테스트

1 오늘 너 어디 가니?

Bugün bir yere gidiyor musun?

2 그러면 우리 오늘 같이 청소하자.

O halde bugün birlikte temizlik yapıyoruz.

3 거실에서부터 (우리) 시작하자. 너는 먼지를 치워. 나도 창문을 닦을게.

Salondan başlayalım ve sen tozları al. Bende camları sileceğim.

4 모든 곳에 먼지를 치울게요.

Her yerden tozu alıyorum.

5 진공청소기로 카펫의 먼지들 빨아들여.

Elektrik süpürgesi ile halıların tozunu al.

6 청소기 일이 끝나면, 설거지를 해줄래?

Süpürme işin bitince bulaşıkları yıkar mısın?

7 제가 더 할 수 있는 것들이 있으면 부르세요.

Başka yapabileceğim bir şey varsa, çağır.

응용연습

1

Bugün bir yere gidiyor musun?

(너) 오늘 어디 가니?

1. Bugün okula gidiyor musun?
   오늘 학교에 가니?

2. Bugün pazara otobüsle gidiyor musun?
   오늘 시장에 버스로 가니?

3. Yarın pazara gidecek misin?
   내일 시장에 갈 거니?

2

O halde bugün birlikte temizlik yapıyoruz.

그러면 오늘 같이 우리 청소하자.

1. O halde bugün birlikte pazara gidelim.
   그러면 오늘 같이 시장에 가자.

2. O halde yarın birlikte sinemaya gideceğiz.

그러면 내일 같이 영화관에 가자.

3. O halde yarın hep beraber pikniğe gideceğiz.

그러면 내일 모두 함께 소풍을 가자.

3

Camları silerken dikkat et.

유리창 닦을 때 조심하세요.

1. Arabayı sürerken dikkat etmeliyiz.

자동차를 운전할 때 (우리가) 조심해야 한다.

2. Taksiden inerken dikkat etmeliyiz.

택시에서 내릴 때 (우리가) 조심해야 한다.

3. Yolda yürürken dikkat edeceksin.

길에서 걸어갈 때 (너는) 조심해야 한다.

4. Karşıya geçerken dikkat et, oğlum.

맞은편으로 건널 때 조심해, (내) 아들아.

4

Başka yapabileceğim bir şey varsa, çağır.
제가 달리 할 수 있는 것들이 있으면 부르세요.

1. Başka yapabileceğin bir şey varsa, çağırırım.
네가 달리 할 수 있는 것이 있으면, 내가 부를게.

2. Başka yapabileceğiniz bir şey varsa, çağırırım.
당신(들)이 달리 할 수 있는 것이 있으면, 내가 부를게.

3. Başka yapabileceğimiz bir şey varsa, çağırın.
우리가 달리 할 수 있는 것들이 있으면, 부르세요.

4. Başka yapabileceği bir şey varsa, çağırırım.
그가 달리 할 수 있는 것이 있으면, 내가 부를게.

연습문제

En uygun cevabı seçiniz.

문제 1

A: O, Paris'te kaç gün kaldı?

B: ________________________

① Hayır, o Paris'te kalmadı.
② Beş gün önce.
③ Üç gün.
④ Annesi ile kaldı.

문제 2

A: Ödevini yaptın mı?

B: ________________________

① Hayır, ödevimi yapmadım.
② Evet, ödevim var.
③ Hayır, ödevimi geçen hafta bitti.
④ Evet, ödevi istedim.

문제 3

Masa____ üst____ temizleyebildin mi?

① –da/-te ② –ın/ ü

③ –nın/ -ünü ④ –nın/ -ü

문제 4-5

Aşağıdaki cümlede altıçizili kelimenin eşanlamlılarnı bulun.

4 Söz verdiyse mutlaka gelir.

① kesinlikle ② akşam üstü

③ çabucak ④ genellikle

5 Lütfen başvuru ________ dikkatlice okuyunuz.

① formunu ② koşullarını

③ konusunu ④ yazısını

문제 6

Aşağıdaki cümleyi okuduktan sonra cevap veriniz.

Ebru: Anne bulaşık deterjanı bitmiş? Yenisi nerede?

Anne: Sağ alttaki mutfak dolabında.

Ebru: Tamam buldum. Bulaşıkları yıkamayı bitirince ne yapacağım?

Anne: Teşekkür ederim.

Ebru: Ne demek anneciğim. Başka yapabileceğim bir şey varsa çağır.
Ben odamdayım. Biraz kitap okuyacağım.

6 Ebru bulaşıkları yıkamayı bitirince ne yapacak?

① Başka bir şey yapmayacak.

② Odada dinlenecek.

③ Mutfak dolabında deterjanı bulacak.

④ Biraz kitap okuyacak.

문제 7-8

Aşağıdaki cümleyi okuduktan sonra cevap veriniz.

Bilgisayar ortamında ders hazırlanabilir. Böylece, bilgiyi kağıtla çoğaltmak gereksiz. Hoca yine şart. Ama derslik şart değil. Çünkü bir diz üstü bilgisayarı açıp kullanabileceği her yerde öğrenci, internet üzerinden dersi izleyebilir. Bu nedenle öğrencilerin bir dersliğe ulaşmalarına gerek yok. Öğrenci, internet üzerinden hocasına yine soru sorup yanıt alabilir. İnternet üzerinden eğitim, yere ve zamana bağlı olmadan, bilgi iletmeye yarıyor.

7 Bu metnin başlığı aşağıdakilerden hangisi olabilir?

① Teknolojide İnternet'in Yeri ② Çocuk ve Teknoloji

③ İnternetle Eğitim ④ Eğitimde Planlama

8 Bu metne göre,

① İnternet çocuk eğitiminde kullanılmamalıdır.

② teknolojik gelişmeler her geçen gün artmaktadır.

③ Öğrenci, internet üzerinden hocasına soru soralabilir.

④ çocuk eğitiminde ailenin rolü önemlidir.

Türkçe Öğrenmeye İlk Adım

연습문제 정답

2장 인사하기

쓰기

1. Sizin adınız ne?
2. Ben de memnun oldum.
3. Nerelisiniz?
4. Ben Koreliyim.
5. Siz kaç yaşındasınız?

연습문제

1. ② Senin ev-in, 너의 집
2. ④ Onun öğretmen-i, 그의 선생님
3. ④ Benim telefon-um, 내 전화
4. ③ Bizim İş-imiz, 우리의 일
5. ① Ben Türküm, 나는 터키인입니다.
6. ② Benim adım Ahmet, 내 이름은 Ahmet입니다.

3장 자기 소개

쓰기

1. Ben 22 yaşındayım ve Kore'de öğrenciyim.
2. Burada birçok Koreli ve yabancı arkadaşlarım var.
3. Biz her gün dersten sonra yemek yiyoruz.
4. Biz bir kahveye gidiyoruz ve orada beraber Korece'yi konuşuyoruz.
5. İki ay sonra ben de şarkı söylemek istiyorum.

연습문제

1. ① 22 yaşındayım ve Kore'de öğrenciyim,
   나는 22세입니다 그리고 한국에서 학생입니다.
2. ③ Korece'yi. 한국어(를).
3. ③ Yemek. 음식.
4. ④ şarkı söylüyorlar. 그들이 노래를 부릅니다.
5. ② şarkı söylüyorlar. 내 친구들이 노래를 부릅니다.

4장 가족 소개

쓰기

1. Fatoş, ailende kaç kardeş var.
2. Annem, babam ve üç kardeşiz. Ben, ablam ve ağabeyim.
3. Ben 23 yaşındayım, abim 25 yaşında, ablam 30 yaşında.
4. İki teyzem, bir dayım, anneannem, dedem Ankara'dalar.
5. Amcam, halam, babaannem ve büyükbabam İstanbul'da yaşıyorlar.
6. Benim bir kız kardeşim, bir de ablam var. İkisi de İstanbul'dalar.
7. Ablan ne iş yapıyor?

연습문제

1. ① Ben bu okulu çok sev-iyorum. 나는 이 학교를 매우 좋아합니다.
2. ② Sen nerede Türkçe öğren-iyorsun? 너는 어디에서 터키어를 배우니?
3. ④ O, sinemaya arkadaş ile gid-iyor. 그는 영화관에 친구와 함께 갑니다.
4. ③ Biz İstanbul'da otur-muyoruz. 우리는 이스탄불에 거주하지 않습니다. (현재부정형)
5. ④ O, lokantada çalış-mıyor. 그는 음식점에서 일하지 않습니다. (현재부정형)

5장 날씨 상태

쓰기

1. Türkiye'de kışın hava genelde soğuk olur.
2. Tabii ki, hava şartları yere göre değişebilir.
3. Kışın Türkiye'nin doğusunda hava soğuk olur, batısında ise hava daha ılımlı olur.
4. Türkiye'nin batısında olan İstanbul'da hava fazla soğuk olmaz.
5. Kışın İstanbul'da zaman zaman kar yağıyor.
6. Ancak 10 Aralık 2015 tarihinde İstanbul'da kar yağmadı.
7. Dün hava serin ve bulutluydu ve aynı zamanda yere göre yağmur yağdı.
8. Türkiye'de ilkbaharda hava ısınır. Mart'tan itibaren hava derecesi sıfırın altına düşmez.
9. İstanbul'da 14-18 Mart arasında 5 günlük hava tahmini aşağıdaki tablodadır.

연습문제

1. ③ Türkiye'de kışın hava genelde soğuk olur.
   터키는 겨울에 날씨가 일반적으로 춥다.
2. ② Kışın İstanbul'da zaman zaman kar yağıyor.
   겨울에는 이스탄불에 때때로 눈이 내린다.
3. ④ Mart'tan itibaren hava derecesi sıfırın altına düşmez.
   3월 이래 기온이 영도 아래로 내려가지 않는다.
4. ② Türkiye'de ilkbaharda genelde hava ısınır.
   터키에서 봄에 일반적으로 날씨가 따뜻해진다.
5. ① İzmir'de tatilciler için turizm sezonu yavaş yavaş başlıyor.
   이즈미르에서 휴가객들을 위해 여행 시즌이 서서히 시작된다.

6장 취미

쓰기

1. Can ile koro klübünden arkadaşız.
2. Biz beraber çok güzel vakit geçiriyoruz.
3. Koro klübüne 2 yıl önce katılmaya karar verdim.
4. Çünkü bankada her gün aynı şeyleri yapıyoruz.
5. Arkadaşımın tavsiyesi ile başladım.
6. Bunun yanında daha aktif bir hobim var.

연습문제

1. ③ Can ile koro klübünden arkadaşız. 우리는 잔과 합창단 친구입니다.
   (소속을 말할 때, 탈격을 사용함)
2. ① Koro klübüne 2 yıl önce katılmaya karar verdim.
   합창단에 2년 전에 참가하기로 결정했다. (karar vermek은 앞에 여격 어미를 수반함)
3. ③ Bir ayda bir kere, 한 달에 한 번
4. ④ Babamın tavsiyesi ile gitar çalmayı öğrenmeye başladım.
   나의 아버지 추천으로 기타를 배우기 시작했다.
5. ③ Bunun yanında daha aktif bir hobim var : Dalmak.
   이것 외에 더 활동적인 내 취미가 있다 : 스쿠버다이빙

7장 쇼핑

쓰기

1. Nasıl yardımcı olabilirim?
2. Bir arkadaşımın doğum günü için ona bir hediye almak istiyorum.
3. Nasıl bir şey düşünüyorsunuz?
4. Arkadaşınız erkek mi kadın mı?
5. Kış ve soğuklar yaklaşıyor.
6. Onun için bir atkı ve eldiven takımı almak istiyorum!
7. Bugünlerde genellikle bu ürünleri çok satıyoruz.
8. Sizi şöyle kasaya alalım.
9. Kredi kartı ile ödemek istiyorum.
10. Ödemeyi nasıl yapmayı düşünüyorsunuz?

연습문제

1. ① arkadaşın doğum günü için, 친구 생일을 위해
2. ② Erkek arkadaş, 남자 친구
3. ③ hava soğuk, 날씨가 추워서
4. ④ en popüler kış takımı, 가장 인기있는 겨울용 세트
5. ② Kredi kartı, 신용카드

8장 장소와 방향 설명

쓰기

1. Size bir adres sorabilir miyim?
2. Acaba buradan nasıl gidebilirim?
3. Hangisi daha hızlı gidiyor?
4. Bu saatlerde otobüse binmenizi tavsiye etmem.
5. Tramvay'a binmek için buradan yaklaşık 15 dakika doğru yürüyün.
6. Orada Kabataş Tramvay İstasyonu'nu göreceksiniz.

연습문제

1. ② Ahmet ile Ayşe sinemaya gidiyorlar. 아흐멧과 아이셰가 영화관에 갑니다.
2. ③ Öğrenciler filme bakıyorlar. 학생들이 영화를 본다. (bakmak은 앞에 여격을 취함)
3. ② Alışverişten önce bankaya gIdIyorum. 나는 쇼핑 하기 전에 은행에 간다.
4. ④ Öğrenciler sınıfta bir saat televizyon seyrediyorlar.
   학생들이 교실에서 한 시간(동안) 영화를 감상한다.
5. ① Alışverişten sonra baban eve dönmüyor mu?
   쇼핑 후 네 아빠가 집에 돌아오지 않았어?(모음조화)

9장 식당에서

쓰기

1. Sizi şu masaya alabilirim.
2. Cam kenarına oturabilir miyim?
3. Çok ağır şeyler yemek istemiyorum.
4. Ben aslında bu saatte yoğurt yemek istemiyorum.
5. Bir porsiyonda kaç tane lahmacun var?
6. Çorbayı kremayla yapıyor musunz?
7. Çünkü şirkette daha yapacak çok işim var.

연습문제

1. ② Sizi şu masaya alabilirim. 당신을 저 탁자로 모시겠습니다.
2. ③ Cam kenarında oturabilir miyim? 창가에 제가 앉을 수 있나요?
3. ① Şirkette daha yapacak çok işi var. 회사에서 더 해야할 많은 (그의) 일이 있다.
4. ④ az yağlı bir buçuk porsiyon İskender, 기름이 적은 1인분 반 이스켄데르,
5. ④ İki porsiyonda kaç tane lahmacun var?
   2인분에 몇 개의 라흐마준이 있나요? (1인분에 3개이므로)

10장 약속하기

쓰기

1. Aslında ben de seni onun için aradım.
2. Ben Pazartesi günü gelmeyi planlıyorum.
3. Geçen yıl senin geldiğin gün benim bir yurtdışı gezim vardı.
4. Ben Pazartesi günü işten izin almaya çalışacağım.
5. Önce güzel bir kahvaltı yapmaya gideriz.
6. Ben saat 3 gibi senin evinin yakınında olurum.

연습문제

1. ① Ben her sabah saat yedide kahvaltı yaparım. 나는 매일 아침 7시에 아침식사를 한다.
2. ③ Sen bugün benimle okula gelir misin? 너 오늘 나와 같이 학교에 갈래?
3. ① Annem yemekle birlikte içecek alıyor. 나의 엄마는 음식과 함께 음료를 마신다.
4. ④ Bütün gün arkadaşı ile beraber olmak istiyor. 하루 종일 친구와 함께 하기를 원해서.
5. ③ Adresini anlatmak için. 주소를 설명하기 위해서.

11장 전화하기

쓰기

1. Biraz bekleyin. Mehmet Bey yanımda.
2. Hastayım ve yüksek ateşim var.
3. Öksürüyorum ve başım ağrıyor.
4. Eczaneden ilaç alıp onu içmelisiniz.
5. Hastaneden sonra evinize dönmelisiniz ve evde güzelce dinlenmelisiniz.

6. Yarın işe gidip çalışmak istiyorum.

7. Yarın ateşiniz varsa evde dinleneceksiniz!

연습문제

1. ① O bu gece bu kitabı bitirebilir. 그가 이 밤에 이 책을 마칠 수 있다.
2. ② Ben bugün iki porsiyon tatlı alabilirim. 나는 오늘 2인분의 디저트를 먹을 수 있어요.
3. ③ Sekreter yanında. 메흐멧 씨가 어디에 있나요? 비서 옆에.
4. ④ İşe gidecek. 직장에 가는 것.
5. ④ Ofise gidecek. 그는 사무실에 갈 것이다.

12장 은행 계좌 개설

쓰기

1. Bankanızda hesap açtırmak istiyorum.
2. Dolar hesabı açtırmak istiyorum.
3. Para yatırmak istiyor musunuz?
4. Burada yabancı parayı bozdurabilir miyim?
5. Döviz bozdurmak için gereken komisyon nedir?
6. Doları Türk lirasına çevirmek istiyorum.

연습문제

1. ③ Sen bol bol dinleneceksin 너는 많이 쉬어야 할거야.
2. ④ O, bugün sizinle sinemaya gitmeyecek. 그는 오늘 너와 같이 영화관에 가지 않을거야.
3. ③ Dolar hesabı açtıracak, 달러 계좌를 개설할 것이다.
4. ① Dolar çekecek, 달러를 인출하다.
5. ② Komisyon almak, 커미션을 받다. (본 텍스트에서 최근 은행에서 커미션을 받지 않는다고 했음)

13장 병원 검진

쓰기

1. Arkadaşım iki gündür durmadan öksürüyor.
2. Başım, boğazım, her tarafım ağrıyor.
3. Ağzınızı açın ve dilinizi çıkarın.
4. Göğsünüzü ve sırtınızı da dinlemem lazım.
5. Geçen hafta banyodan hemen sonra dışarı çıkmıştım.
6. kan ve idrar tahlili yaptırmanız gerekiyor.
7. Bir de göğüs röntgeninizi isteyeceğim.

연습문제

1. ③ Evet, ben öğretmenim. 네, 나는 교사입니다.
2. ② Burası okul. 이곳은 학교입니다.
3. ④ Türkiye'ye 2 yıl önce gittim. 나는 터키에 2년 전에 갔습니다.
4. ① Evet, bu ev benim. 네, 이 집은 내 것입니다.
5. ④ Hava soğuk. 날씨가 춥다.

14장 호텔 예약

쓰기

1. Ben rezervasyon yaptırmak istiyorum.
2. Bu otele hangi tarihte geleceksiniz?
3. 24 saat sıcak su, televizyon ve buzdolabı var.
4. Kahvaltı bu fiyata dahil mi?
5. 7 gün-6 gece için, iki kişilik odaların fiyatı 490 lira.
6. Aslında bir gecelik oda fiyatı ise 100 liradır.
7. Bugünlerde % 30 indirim yapıyoruz.

연습문제

1. ③ Bu otele 1 Mart'ta geleceğim. 이 호텔에 3월 1일에 올 것입니다.
2. ④ Evet, kahvaltı bu fiyata dahil. 네, 아침식사가 이 가격에 포함됐어요.
3. ② Evet, benim evim var. 네, 나의 집이 있어요.
4. ① Mutfakta akrabalar var. 부엌에 친척들이 있어요.
5. ③ Çünkü Volkan Bey memurdur. 왜냐하면 볼칸 씨는 공무원(사무원)입니다.

15장 시간과 계절

쓰기

1. Sabahları kaçta kalkıyorsun?
2. Hafta içi her gün saat yedide kalkıyorum.
3. Hafta sonu saat ona kadar uyurum.
4. Saat yedi buçuk civarında kahvaltı yapıyorum.
5. Öğle tatiliniz saat kaçta başlıyor?
6. Öğlen saat on ikiden on üçe kadar tatil.
7. Genellikle saat altı buçuk civarında eve dönüyorum.
8. Biz ne zaman tatile çıkacağız?
9. Çünkü, baban temmuz ayında izin alacak.

연습문제

1. ② Saat Yedide. 일곱 시에.
2. ① Saat on ikide. 열두시에.
3. ④ Aralık 12월
4. ④ Sekiz. 8
5. ① Temmuz. 7월
6. ③ Baba izin alacak. 아버지께서 휴가를 받을 것이다.

16장 지하철과 버스

쓰기

1. Buradan Kocatepe Camisine nasıl gidebilirim?
2. Buradan otobüsle veya metroyla gidebilirsiniz.
3. Sağda 50 metre ileride Ulus İstasyonu var.
4. O caddeden karşıya geçin ve sola dönün.
5. Yaklaşık 30 metre sonra başka bir caddeyi göreceksiniz.
6. Buradan Kızılay pastanesine nasıl gidebilirim?
7. Kızılay otobüsüne karşı duraktan binebilirsiniz.
8. Kavşaktan sağa dönüp 100 metre kadar yürüyeceksiniz.

연습문제

1. ④ O, bir silgi. 그것은 지우개다.
2. ③ O, bir öğretmen. 그는 교사입니다.
3. ② İstanbullu. 이스탄불 사람.
4. ③ Genellikle metroyla geliyor. 일반적으로 지하철로 온다.
5. ④ Otobüsle. 버스로.

17장 생일 축하하기

쓰기

1. Gelecek pazar Kuzey'in doğum günü.
2. Gelecek pazar, oğlumuz 4 yaşına girecek.
3. O zaman bir davetli listesi hazırlamalıyız.
4. Abartıyorsun, bence toplam 15 kişi oldu.
5. Oğlum, senin arkadaşlarını nasıl unuturuz.
6. Kocaman 25 kişilik bir pasta sipariş verelim.

연습문제

1. ① Evet, O, benim kitabım. 네, 그것은 나의 책입니다.
2. ② Hayır, O, okumuyor. 아니오, 그는 읽지 않습니다.
3. ③ Kardeşimle gideceğim. 나의 형제와 갈거야.
4. ① alkol-lü 알콜류
5. ④ 10

18장 장소 묻기와 설명하기

쓰기

1. Buradan gitmeniz biraz zor.
2. Yaklaşık 25-30 dakika yürümek gerekli.
3. Bu semti iyi bilmediğim için otobüsten yanlış yerde inmişim.
4. Teyze burada inmem gerektiğini söylemişti.
5. Sağ tarafında bir pastaneyi göreceksiniz.
6. Hastane durağının çok öncesinde inmişsiniz.
7. Oradan karşıya geçerek sol tarafa gidin.
8. Yarın evinize gelmek istiyoruz.
9. Kaç numaralı otobüse binmeliyiz?
10. Yaklaşık yüz metre sonra soldaki ilk sokağa gir.

연습문제

1. ② -ir/ -mez
2. ④ Bir sömestr sonra. 한 학기 후.
3. ③ Antalya'ya gideceğim. 이탈리아로 떠날거야.
4. ③ Bir teyze yanlış söylemiş. 이모가 잘못 알려주었다.
5. ① Seda yürüyerek gidecek. 세다는 걸어서 갈 것이다.

19장 집 청소

쓰기

1. Kızım, bugün bir yere gidiyor musun?
2. O halde bugün birlikte temizlik yapıyoruz.
3. Salondan başlayalım ve sen tozları al.
4. Her yerden tozu alıyorum.
5. İlk kez cam silmiyorum. Merak etme.
6. Süpürme işin bitince bulaşıkları yıkar mısın?
7. Kovaya su ve deterjanları ekledim.
8. Başka yapabileceğim bir şey varsa beni çağır.

연습문제

1. ③ Üç gün. 3일.
2. ① Hayır, ödevimi yapmadım. 아니, 내 숙제를 하지 않았어.
3. ③ Masanın üstünü temizleyebildin mi? 책상의 위를 (너는) 닦았니?
4. ① kesinlikle 확실하게
5. ② Lütfen başvuru koşullarını dikkatlice okuyunuz.
   미안하지만, 지원 조건을 주의 깊게 읽으시오.
6. ④ Biraz kitap okuyacak. 책을 조금 읽을 것이다.
7. ③ İnternetle Eğitim, 인터넷과 교육
8. ③ Öğrenci, internet üzerinden hocasına soru soralabilir.
   학생이 인터넷으로 자기 선생님에게 질문을 할 수 있다.

터키어 첫걸음

초판 인쇄	2017년 2월 21일
초판 발행	2017년 2월 28일
지은이	김대성
발행인	김인철
총괄 · 기획	가정준 Director, University Knowledge Press
편집장	신선호 Executive Knowledge Contents Creator
도서편집	김민정 Contents Creator
전자책편집	최인우 Chief e-Contents Creator
재무관리	김은혜 Managing Creator
발행처	한국외국어대학교 지식출판원 02450 서울특별시 동대문구 이문로 107 전화 02)2173-2493~7 팩스 02)2173-3363 홈페이지 http://press.hufs.ac.kr 전자우편 press@hufs.ac.kr 출판등록 제6-6호(1969. 4. 30)
디자인 · 편집	디자인퍼브 02) 2254-4308
인쇄 · 제본	네오프린텍(주) 02)718-3111

ISBN 979-11-5901-177-1 13730 정가 24,000원

*잘못된 책은 교환하여 드립니다.

HUiNE은 한국외국어대학교 지식출판원의 어학도서, 사회과학도서, 지역학 도서 Sub Brand이다. 한국외대의 영문명인 HUFS, 현명한 국제전문가 양성(International +Intelligent)의 의미를 담고 있으며, 휴인(携引)의 뜻인 '이끌다, 끌고 나가다'라는 의미처럼 출판계를 이끄는 리더로서, 혁신의 이미지를 담고 있다.

이 책의 음원(mp3)은 한국외국어대학교 지식출판원 홈페이지(press.hufs.ac.kr) – 게시판 – 자료실에서 다운받아 사용하시기 바랍니다.